AF453143

# DISCOURS DE RENTRÉE.

## 1850.

**Par Victor Duquaire,**

Avocat.

(Extrait du *Moniteur Judiciaire* de Lyon. — Décembre 1850.)

**LYON,**

IMPRIMERIE DE MOUGIN-RUSAND,

Rue Centrale, 67.

1850

# DISCOURS DE RENTRÉE.

## 1850.



MESSIEURS ET CHERS CONFRÈRES,

« Chaque profession a ses traditions et trouve dans ses « annales des modèles à imiter. C'est pour toutes les condi- « tions que l'histoire est le plus sûr et le plus incorrupti- « ble des conseillers. » Ces paroles de M. Dupin jeune, au nom de la commission chargée, en 1826, de présenter un plan de travail pour une conférence d'avocats à Paris, doivent nous revenir souvent en mémoire ; sous leur forme dogmatique, se révèle un excellent conseil à l'adresse de ceux qui entrent dans la carrière.

Après la magistrature, quel corps, comme le barreau, peut fournir un passé si plein de nobles exemples et d'utiles enseignements ? On a dit de la *magistrature française* qu'elle est la plus belle, la plus forte institution des âges modernes, et l'on a cité le nom des Duprat, des Montholon, des Pas-

quier, des Harlay, des Séguiers des Talon, des Brisson, des
Molé , des Lamoignon , des d'Aguesseau , des Joly de
Fleury ; depuis le premier président De la Vacquerie qui ,
se présentant à Louis XI , à la tête de sa compagnie , lui
dit : « Sire , nous venons remettre nos charges entre vos
« mains et souffrir tout ce qui vous plaira , plutôt qu'offen-
« ser nos consciences, en vérifiant les édits que vous nous
« avez envoyés ; » jusqu'à ce vertueux Malesherbes , dont
la pierre tumulaire fait ainsi l'éloge : *Strenue semper fidelis,
regi in solio veritatem, præsidium in carcere attulit.*

Et parmi les *avocats*, quels exemples d'indépendance, de
science et de probité, depuis Bouchard , qui plaidant pour
l'université de Paris et les églises du royaume , sous Louis
XI, à la suite de l'opposition de ces dernières à la publication du Concordat, soutenait que les eslections étant de droit
divin , on ne pouvait les supprimer ; et avait , dit Loysel ,
plaidé si *vertueusement* , qu'il en fut envoyé prisonnier au
Louvre ; jusqu'à Tronchet, homme , dit M. Pinard , d'une
grande science et d'une grande vertu , membre de l'Assemblée constituante, que Mirabeau appelait le Nestor de l'aris-
tocratie ; qui défendit Louis XVI et dont l'empire devait
couronner la vieillesse en l'appelant aux plus hautes fonc-
tions de la magistrature. Je m'arrête à 1790, pour n'avoir ,
ni amour-propre, ni modestie à blesser parmi les contem-
porains ; mais, dans l'espace embrassé, ne rencontrons-nous
pas, parmi les avocats jurisconsultes , les Guillaume de Bu-
dée, les Alciat, les Pierre de l'Etoile, Cujas , créateur de la
science moderne ; Loysel , Dumoulin , le Papinien français ; Pierre Pithou , le Varron de la France ; et parmi les
avocats plaidants : au dix-septième siècle , les Antoine Le-
maître , Olivier, Patru, qui, admis en 1640, à l'Académie
française, prononça un discours tellement goûté de ses confrères , qu'on fit dans la suite aux récipiendaires le devoir
de l'imiter ; de Pibrac, gendre du chancelier de l'Hospital,
les Pasquier et les Versoris; au dix-huitième siècle , les
Cochin , les Gerbier , Loyseau de Mauléon , Bergasse et
Camus , etc.

Voilà , certes, bien des maîtres à imiter. En face des le-
çons qu'ils nous ont laissées , comment s'étonner que les

jeunes avocats, se soient partout fait un devoir d'étudier les modèles ? De là, cet usage introduit dans les barreaux voisins , notamment de notre connaissance à tous , parmi les stagiaires de Paris, de déléguer chaque année à un confrère, pour l'ouverture des conférences, le soin de faire la biographie de l'un de ces maîtres de la science et de la parole. Mon intention était de me conformer à cette ancienne et salutaire tradition ; mais voilà qu'on va modifier notablement une partie de notre code civil. Un projet de loi, le plus important peut-être qui ait été présenté depuis 50 ans, doit être ces jours-ci , soumis à l'examen du législateur. Propriétaires, capitalistes, jurisconsultes , économistes, tous se préoccupent de l'avenir nouveau, nécessaire et si désiré qu'on prépare à la propriété foncière. J'ai cru ne pas trop sortir de l'esprit de la mission que vous avez bien voulu me confier , me conformer même au désir exprimé par plusieurs d'entre vous , en m'occupant de cette question qu'on est convenu d'appeler la question agricole. C'est un vaste et difficile sujet sans doute , mais sans oser prétendre apporter une seule pierre à l'édifice , je serais heureux ci j'étais parvenu à attirer *plus encore* l'attention des hommes sérieux :

1° Sur l'*importance* et les *services* , dans notre pays , de la propriété foncière , des campagnes , de l'agriculture ;

2° Sur ses *souffrances* , ses *besoins* , principalement au point de vue du *crédit* ;

3° Sur les *lacunes* de la législation , les quelques lois nouvelles qui ont pour but de les combler;

4° Enfin, sur les *deux grandes réformes* qui se préparent : *hypothèques* et *institution du crédit foncier.*

On a dit avec raison que la France n'est *essentiellement :* ni *religieuse,* ni *guerrière,* ni *scientifique,* ni *artistique,* ni *industrielle,* ni *commerçante.* En effet :

On est *religieux,* car on est une réunion d'hommes; que là où il y a des hommes, il doit y avoir un temple élevé à Dieu et un culte en son honneur, parce qu'il n'y a pas de religion sans Dieu et sans culte, et que la religion est une vérité, un besoin, une consolation pour le cœur humain.

Mais on n'est pas religieux, comme on exerce, un art, un métier, pour avoir un rôle dans le monde.

On est *guerrier*, pour conserver l'ordre à l'intérieur et à l'extérieur, pour sauvegarder l'intégrité du territoire. Mais prendre les armes aujourd'hui, pour redresser les torts de par le monde, pour employer le temps, déposséder un voisin et jouir avec orgueil d'un triomphe dû à la ruse ou à la supériorité du nombre : ce n'est plus du goût du temps; le vent n'est plus à ces fumées.

On est *savant, artiste*, parce que la France donne le ton aux autres nations, et qu'elle a besoin pour conserver sa supériorité d'encourager les sciences et les arts, de favoriser les talents; mais du jour où la masse ferait métier d'art et de science, nous deviendrions un peuple de mendiants, le fléau du monde.

On est *industriel*, parce que notre civilisation comporte de nombreux besoins; que les produits naturels ne s'approprient pas d'eux mêmes aux nécessités individuelles et sociales, et qu'il leur faut, pour cela, subir certaines transformations qui sont l'œuvre de l'industrie. Mais rappelons-nous que l'industriel ne crée rien, et qu'au point de vue moral et intellectuel, le travail des manufactures est funeste tant à cause de l'aglomération des travailleurs, que de l'influence qu'exerce sur eux l'action des machines.

On est *commerçant*, parce qu'il ne suffit pas que les produits soient transformés; il faut encore qu'ils soient mis à la portée des populations, et répartis proportionnellement aux besoins. Mais le commerce ne crée ni ne transforme, il ne peut s'exercer que parmi des populations aisées, à qui leurs ressources permettent d'acheter. L'action du commerce sur l'esprit et le cœur, est complètement nulle.

La *France* n'est rien de tout cela, à la différence de certaines autres contrées, l'*Angleterre*, par exemple.

Par sa *position géographique*, son *climat*, la *distribution de ses habitants sur le territoire*, sa *division administrative*, par *l'esprit de sa législation*, la France est, et doit rester essentiellement *agricole*.

Sa position. Elle a la mer pour limites, à l'ouest, au nord et au midi; ses montagnes recèlent des sources nombreuses, qui s'échappent en filets d'eau et en fleuves, vrais trésors de fécondité pour la terre, et d'utiles appropriations pour l'industrie.

Son climat. Placée à égale distance du pôle et de l'équateur, sa température se prête merveilleusement à toutes les cultures. La multiplicité de ses produits en fait comme le jardin botanique du monde entier. Ses vins sont recherchés des nations étrangères, et ses fourrages pourraient être quatre ou cinq fois ce qu'ils sont aujourd'hui.

La distribution de ses habitants sur le territoire, fruit du travail féodal qui, en créant un château fort sur chaque mamelon, et un village au pied de ce château, a rapproché les populations, et les a réparties à des intervalles à peu près égaux et rapprochés.

Sa division administrative, qui n'a pas trop séparé ni multiplié ces grands centres de populations, a facilité les communications entre les 36,000 communes et les chefs-lieux de canton ; entre ces derniers et le chef-lieu supérieur, et ainsi de suite, jusqu'au siége même du gouvernement.

Sa législation civile, qui en s'opposant à l'accumulation des richesses entre les mains d'un seul, a permis à chaque homme d'aspirer à la possession d'un coin de terre, et a effectivement multiplié le nombre des propriétaires fonciers.

La France est donc essentiellement et avant tout agricole. Et quel malheur a cela ?

N'est-ce pas l'agriculture qui fournit les vraies richesses, celles qui sont indispensables à l'homme pour la conservation de son existence. Avant de songer au confortable et au luxe, avant de se livrer aux jouissances de la pensée, du sentiment, il faut vivre, se nourrir se vêtir. Ne sont ce pas les produit du sol qui servent de régulateur pour toutes les autres valeurs ; eux, dont l'augmentation ou la diminution fait augmenter ou diminuer l'or et toutes les productions industrielles ? N'est-ce pas à eux seuls qu'appartient une valeur absolue, invariable; de telle façon, que, depuis des siècles, une mesure déterminée de blé se donne en échange d'une même quantité de main-d'œuvre, d'instruments de travail, de services des professions libérales. Qu'est-ce qui fournit les matières premières qu'exploite l'industrie, que transforme le travail et que le commerce répartit ensuite partout, si ce n'est l'agriculture? Comment, enfin, apprécie-t-on la richesse, sinon par la comparaison qu'on fait des valeurs qu'on possède, avec la quantité de produits du sol que ces valeurs vous procureraient en échange?

Le sol est donc le principe et la base de toute richesse. J'ajoute, que l'intérêt agricole est vraiment l'intérêt direct et principal de la majorité ; c'est d'abord celui des 25 millions d'agriculteurs, et puis c'est indirectement celui de tous les industriels et commerçants, intéressés à vivre à bon marché et à trouver au sein des populations des campagnes, rendues à un état meilleur, de nombreux et utiles débouchés pour leurs produits. Mais , considération plus pratique et d'une importance plus immédiate ! C'est surtout pour la solution des grands problèmes qui préoccupent à si juste titre l'opinion, que l'agriculture peut nous présenter des ressources plus réelles et plus fécondes , par exemple : *le retour d'une tranquilité sérieuse et durable. La question de l'équilibre des subsistances avec les besoins des populations. L'amélioration du sort des classes laborieuses.*

LE RETOUR A LA TRANQUILITÉ, en favorisant l'industrie agricole pour désencombrer les villes, au profit des campagnes , et diminuer , sinon détruire les élements de désordre que recèlent les grands centre de population. Les agriculteurs ne sont pas amis des boulversements. Les travaux des champs ne savent pas se concilier avec les agitateurs. Sparte est une ville de labour, elle est tranquille. Athène, la ville aux métiers, au petit négoce, aux poètes, aux artistes, aux rhéteurs, Athène est un foyer de trouble et de désordres.

Et au moyen-âge , quelles villes plus turbulentes que Bruges et Gand, les célèbres manufacturières, et les grandes commerçantes, Gênes et Venise? De nos jours, les exemples ne feraient pas défaut.

SUBSISTANCES. Il est certain , d'après les relevés des douanes (*Moniteur*), que la production de la France ne suffit pas à sa consommation. Il y a, en moyenne, chaque année, un déficit de plus de 800,000 hectolitres de blé ; dans les années difficiles, ce déficit s'élève jusqu'à 4,000,000.

Faut il en tirer , comme en Angleterre , cette conséquence que la population est trop nombreuse et hors de proportion avec les forces du sol? Non, loin de là ; car, d'une part, la population totale de la France s'élevait, en 1842, ( *Annuaire du bureau des longitudes* et *Moniteur* ), à 35,600,486 habitants, répartis sur une étendue de territoire de 52,766,619 hectares ; ce qui donnait 67 habitants par kilomètre carré ou par 100 hectares (1,072 habitants par lieue carrée). Or, dans les contrées qui nous avoisinent et qui, l'Angleterre à part, se suffisent à elles-mêmes, la population est bien plus compacte. En Belgique , elle est de 143 habitants sur la même surface ; en Angleterre, de 87 ; en Piémont, de 176.

D'autre part, il y a 16 Etats où la population croît plus vite qu'en France ; 6 sont entre autres : l'Angleterre, où la l'accroissement est de 15 p. 0/0 en dix ans ; la Prusse de 10 p. 0/0 ; les Etats-Unis , de 33 p. 0/0 ; tandis qu'en France, dans la même période, il n'est que de 5 p. 0/0.

Ne parlons donc pas du trop plein de la population. La cause du malaise n'est pas là ; l'encombrement, s'il existe , n'est pas général, mais spécial, local. Le vice n'est pas dans la masse de la nation, mais bien dans certaines classes, qui remplissent les villes au détriment des campagnes , qui détruisent l'équilibre entre la production et la consommation. C'est donc à tort et prématurément qu'on a soulevé , en France, le problème de la population. S'il est vrai qu'il soit actuel, sérieux,en Angleterre, que nous importe après tout? N'avons-nous pas nos difficultés? Et puis nos voisins ne sont-ils pas sssez fiers de leur génie économique , pour se passer volontiers de nos conseils ? Laissons-les donc résoudre eux-mêmes leur problème. Nous, nous avons à nous inquiéter , non pas de l'*excès*, mais de la *répartition* , sur le sol, de nos consommateurs, répartition si défectueuse que, d'une part, nos campagnes manquent de bras, que , malgré les avantages de notre territoire, la sagacité , l'activité du génie français , notre agriculture, fort en arrière , sur les pays voisins, se trouve complètement insuffisante pour les besoins alimentaires ; et que, d'autre part, les villes présentent le triste spectacle de populations concentrées, exposées à toutes les variations de l'industrie; qui souffrent végètent, se démoralisent, et n'élèvent dans leurs enfants, au lieu de citoyens honnêtes, attachés à la famille , dévoués au pays, que des fauteurs d'agitation, éléments de sociétés secrètes, et ennemis d'un ordre social qui les laisse languir dans le besoin, la misère, à côté du confortable qu'ils envient, du luxe qui les irrite , et de ces mille séductions de grandes villes dont ils ne peuvent jouir.

Et c'est ici, surtout , que l'agriculture serait d'un merveilleux secours, en offrant une base utile et naturelle aux combinaisons qui ont pour but le soulagement des souffrances et la guérison des plaies de la société. Ainsi , pour n'en citer qu'un exemple, je prends les documents recueillis par le bureau de statistique du ministère de la justice en 1847 , je trouve que, sur les 8,704 accusés traduits devant les 86 cours d'assises, 1,465 étaient mineurs de 21 ans; c'est un 1/6 environ ; 1,330, c'est-à-dire 15 sur 100, sont âgés de 21 à 25 ans, etc. Puis, au nombre des mineurs de 21 ans, 115 enfants de 6 à 15 ans, qui n'ont été traduits aux assises que parce qu'ils avaient des complices plus âgés qu'eux , ou qu'ils étaient accusés de crimes passibles de la peine de mort ou des travaux forcés à perpétuité; 394 autres accusés de moins de 16 ans , mais qui n'étaient pas dans les mêmes conditions que les 115 premiers, ont été jugés par les tribunaux correctionnels, en vertu de l'article 68 du Code pénal.

Je trouve ensuite , que sur les 239,291 prévenus traduits devant les tribunaux correctionnels , 6,559 avaient moins de 16 ans. Sur ce nombre 3,506 ont été reconnus avoir agi sans dicernement et renvoyés des poursuites, et parmi eux 1,468 ont été remis à leurs parents qui les réclamaient et qui présentaient des garanties ; les autres , au nombre de 2,038 ont été renvoyés dans les maisons de correction , pour y être élevés pendant un temps déterminé.

Voilà certes, un triste et douloureux côté de notre état social ; voilà des éléments sérieux de troubles, menaçants pour notre avenir. Que faire de ces malheureux enfants? Les dispositions des art. 66 et 67 du Code pénal, répondent bien à cette question : s'ils ont moins de 16 ans et qu'ils soient condamnés, ils doivent subir leur peine dans une maison de correction; s'ils sont acquittés comme ayant agi sans discernement, ils seront conduits dans une maison de correction, pour y être *élevés* et détenus. Mais que s'est-il passé jusqu'à présent? Les jeunes détenus sont le plus ordinairement placés dans des maisons d'arrêt, confondus avec les criminels de toute nature, et soumis si jeunes au contact quotidien le plus impur, ou encore dans des maisons centrales, renfermés, il est vrai, dans un quartier distinct; mais esclaves d'une discipline sévère, rude même, qui ne procède que par intimidation, et qui loin de relever des natures tombées, est surtout impuissante à pénétrer et à échauffer de sentiments honnêtes et religieux l'âme de pauvres enfants, privés de toutes les bonnes inspirations de la famille.

Comment moraliser, régénérer ces infortunés soumis à des influences si funestes pour eux et pour la société dont ils ne peuvent, ainsi, que devenir le fléau. La charité privée, la première devait tenter la solution du problème. Elle comprit que ces tristes habitudes de mendicité, de maraudage ou même de vol, ne proviennent originairement que de l'absence des inspirations honnêtes qu'on puise au foyer paternel. On leur donna donc d'abord une famille au sein d'un établissement, où des tuteurs justes et bienveillants surent allier à la stricte régularité de la discipline la bonté du cœur qui attire et attache, et la haute moralité qui inspire le goût et fait contracter l'habitude des choses honnêtes. Mais il fallait, en outre, guérir ces enfants de l'oisiveté et avec elle des vices et des maladies qu'elle entraîne. Le travail des manufactures les eût poussés nécessairement, après leur libération, vers les grands centres d'industrie, où ils eusent été exposés, indépendamment des dangers de la vie manufacturière, aux tristes influences physiques et morales de l'attelier, qui les eussent fatalement ramenés à leurs habitudes passées. On leur donna donc, pour les former aux idées d'ordre, de discipline et d'économie, pour épurer leur sang et les fortifier, le grand air de la campagne, la vie des champs, les habitudes paisibles et le travail salutaire du cultivateur. Telle est l'œuvre à laquelle se sont voués MM. de Courtilles et Demetz entr'autre. Une aussi noble initiative devait être imitée par le gouvernement. Chacun connaît la loi du 5 août dernier, sur l'éducation et le patronage des jeunes détenus ; l'art. 4 porte qu'ils seront appliqués aux travaux agricoles et aux principales industries qui s'y rattachent.

Et maintenant, cette précieuse influence de l'agriculture, en quelque sorte officieusement et timidement démontrée d'abord, mais qui doit s'exercer désormais au grand jour de la législation, et à l'ombre des pouvoirs publics, pourquoi ne l'étendrait-on point à ces 96,000 enfants trouvés que le vice ou le malheur privé livre, chaque année, à la pitié et à la charité publiques. Ce serait, d'une part, amortir les funestes effets de la suppression de l'indemnité qui leur est allouée jusqu'à l'âge de 12 ans seulement. Ce serait d'autre part, pour l'avenir, arracher leur nom des archives des Cours d'assises et des livres honteux de la police.

Voilà, quant *aux personnes*, quelques-uns des bienfaits de l'agriculture. Mais cette action féconde pourrait encore utilement s'appliquer *aux biens*. Et pour me borner encore à un seul exemple : chacun connaît l'institution des caisses d'épargnes, destinées à arracher les classes laborieuses au fléau de l'usure, en leur offrant au lieu d'un allégement momentané de leur misère, à l'exemple des Monts-de-Piété, une émancipation complète, grâce aux ressources que procure l'épargne, pour faire face aux besoins des mauvais jours.

La destination de ces capitaux varie en France et dans les autres contrées, en Allemagne, par exemple. En France, la dernière monarchie, pleine de respect pour ces dépôts précieux, énervait l'action de l'épargne populaire, en cherchant plutôt à diminuer la dette flottante, qu'à en répandre les valeurs sur le pays ; la République n'a rien trouvé de mieux, que de rembourser les livrets ou inscriptions de rente. En Allemagne, au contraire, où les caisses d'épargne sont restées dans le domaine privé, ces fonds, suivant M. Wolowski, affectent un triple emploi : le *compte-courant chez le banquier ; le prêt hypothécaire ; l'avance au Mont-de-Piété*. Mais si ce dernier emploi offre l'avantage de faire servir l'épargne du travailleur au soulagement de la misère de l'ouvrier, il est vrai de dire que, dans les moments de crise, les engagements au Mont-de-Piété venant à concourir avec les demandes de remboursement aux caisses d'épargne, la solidarité de ces deux institutions devient compromettante pour l'une et pour l'autre. Le compte-courant chez le banquier est trop exposé aux chances commerciales; et puis, c'est une ressource trop limitée. L'instabilité des cours serait un obstacle au placement sur l'Etat.

Resterait donc le placement hypothécaire qui, à l'avantage de féconder la propriété foncière, par une utile alliance entre le produit du travail et celui du sol, pourrait, à l'aide d'une législation bien combinée, présenter les conditions principales que peut exiger un prêteur : garantie solide, réalisation facile.

Nous aurons à examiner si ce but est atteint par les nouveaux projets sur la réforme hypothécaire et sur le crédit foncier.

En attendant, et pour *nous résumer* sur ce qui a été dit jusqu'à présent, constatons que l'agriculture, c'est avant tout la France ; en second lieu, qu'elle présente de nombreux et utiles éléments pour la solution des problèmes sociaux, qui intéressent tant les fortunes que les personnes.

Et cependant, jusqu'à ces derniers temps, quels reproches les gouvernements n'auraient-ils pas mérités?

Dans les villes s'est concentrée l'attention des gens de science et de fortune, la sollicitude des administrateurs, les ressources du fond commun de l'Etat, fournies principalement par les campagnes, les fonds départementaux et jusqu'aux fonds communaux qu'augmente le séjour des étrangers, attirés par la curiosité et captivés par les jouissances qu'on leur procure. On restaurera les monuments, on améliorera les voies publiques, on y fera de belles plantations, on aura des approvisionnements abondants et commodes, des fontaines, des écoles, des rues propres et bien éclairées ; on y remplacera successivement le pavé de grés ou de cailloux par celui de bitume, de granit, de chêne ou de macadam. A Paris, seulement, l'entretien de ce pavé coûtera 1,900,000 fr.; les associations de bienfaisance s'y multiplieront ; les crèches, les salles d'asile, les hospices y abonderont. Le plaisir, lui-même, y aura des temples nombreux et brillants. Et, à côté de tous ces avantages, qui permettront au citadin d'apprécier et de bénir le gouvernement et l'administration, l'action du pouvoir n'apparaîtra à l'homme de la campagne que sous la forme du fisc et du recrutement, que pour lui enlever son argent et le sang de ses enfants.

Et pourtant dans les moments de crise, d'où partent les murmures et le désordre ? sinon de ceux pour lesquels vous avez fait le plus de sacrifices ?

*A la ville*, la fortune fait des victimes, sans doute, mais que de favoris elle élève ! et pourtant à côté de ceux qui méritent ces dons, ne se rencontre-t-il pas plus ou moins clairs semés d'heureux sots qui en sont indignes?

*A la campagne*, nul ne songe à l'opulence, mais on voudrait au moins pouvoir, année commune, retirer d'un travail incessant et pénible, avec les éléments d'une vie frugale, quelques modestes ressources pour l'avenir. Et pourtant que se passe-t-il ? à côté du progrès qui s'est accompli autour d'elle, et auquel on l'a laissée trop étrangère, l'industrie agricole, aujourd'hui, loin de présenter des éléments de prospérité, manque même des conditions les plus vitales, par exemple et avant tout, du *talent* que donne l'instruction, des *capitaux* qu'attire le crédit.

Pour l'instruction et le talent, l'expérience de ce qui s'est accompli dans l'industrie et le commerce depuis trente ans, donne la mesure du progrès que peut atteindre l'intelligence appliquée à une branche de connaissance ou de travail particulière. Aujourd'hui, l'union de la science et du travail pratique, est devenue si intime, qu'on ne sait plus lequel des deux entraîne le développement de l'autre. Ce qui est certain, c'est qu'à côté des résultats obtenus par notre commerce et notre industrie, se placent des découvertes importantes, en chimie, en physique, en statistique, en géométrie descriptive, etc. Ce qui est non moins certain, c'est que l'agriculture qui pourrait offrir une si belle carrière aux recherches intellectuelles, un si vaste champ d'application aux mathématiques, à l'histoire naturelle, à la géologie, à l'économie politique, est restée cependant à peu près étrangère aux bienfaits prodigués à des branches de connaissances moins utiles. Jusqu'au décret du

3 octobre 1848, pas une place dans le vaste cadre de l'instruction publique , pour l'enseignement agricole le plus important, le plus approprié à l'intérêt général.

Au degré PRIMAIRE, on enseignera la lecture, l'écriture , un peu de calcul, la grammaire, et même de l'histoire et de la géographie.

Au degré SECONDAIRE, ce sera la philosophie, l'histoire et la géographie plus développées ; mais surtout l'étude des langues anciennes , grecque , latine ; de façon que les fils de nos propriétaires se formeront aux travaux des champs , en apprenant à raconter, en français , les hauts faits des capitaines de Sparte et d'Athènes ; à écrire, en latin, l'histoire du siége de Rome par Oudinot ; à tourner en hexamètres ou en iambes des éloges à la façon de Catulle, pour le moineau de Lesbie.

Dans l'enseignement SUPÉRIEUR, il y aura des écoles de droit, de médecine, de mines, d'arts et métiers, de musique, de danse; des écoles militaires et ecclésiastiques ; il y aura des diplômes, et comme conséquence *possible*, sinon toujours *effective* , des avantages pécuniaires attachés aux grades conférés dans ces foyers d'études spéciales et professionnelles. L'agriculture reste à l'écart de la condition commune et des faveurs du budget. — VOILA POUR L'INSTRUCTION.

Quant au crédit, que dire qui n'ait déjà fait l'objet de réclamations nombreuses et pressantes de la part des propriétaires, des économistes, des jurisconsultes, au moins en ce qui touche la partie hypothécaire qui fait l'objet de l'un des deux projets de loi proposés dans l'intérêt de la propriété foncière ? Sur ce point, je me bornerai à résumer, pour ne pas m'exposer à n'être qu'un écho banal et insuffisant , me réservant de donner plus de développement à la partie, plus nouvelle et plus hardie, relative à l'organisation d'une institution de crédit foncier.

Aujourd'hui, de l'aveu de tous, le prêt hypothécaire présente de graves dangers et pour le *propriétaire* qui emprunte et pour le *capitaliste* qui prête.

Pour le propriétaire, par suite :

1° De la nécessité d'un remboursement à trop courte échéance ;

2° De l'élévation du taux de l'intérêt.

1° En effet, les capitaux que l'on consacre aux améliorations foncières s'absorbent, se fixent dans le sol auquel ils infusent une valeur nouvelle, et les résultats de ces améliorations, bien que certains et réguliers, ne se faisant sentir que d'une manière lente et successive, le propriétaire ne peut rentrer dans ses avances qu'à la longue, au moyen d'épargnes annuelles, constantes ;

2° L'*intérêt* : indépendamment du 5 p. 0/0, taux ordinaire et déjà bien lourd, il s'accroît encore de tous les frais qui le portent quelquefois à 10 p. 0/0, mais, en moyenne, à 7 ou 8 p. 0/0 ; ce qui, eu égard à la difficulté que la nécessité du remboursement à courte échéance apporte à l'incorporation des capitaux au sol , pour l'améliorer et augmenter le revenu, place fatalement le propriétaire qui emprunte sur la voie de l'expropriation et de la ruine.

Pour le créancier, ce sont :

1° Les *risques du placement ;*

2° Les *difficultés de la réalisation.*

1° Les risques du placement, résultent, d'une part, de l'incertitude dans laquelle se trouve le prêteur sur la qualité que doit avoir son emprunteur, de propriétaire de l'immeuble affecté à la garantie du prêt. Exemple : Je prête, et peut-être au moment où je livre mon argent, la propriété de l'immeuble qui doit garantir le remboursement de mon prêt se trouve, par suite d'un simple consentement, échangée, transférée à un tiers inconnu.

Risque résultant, d'autre part, de l'incertitude sur la véritable valeur du gage immobilier, par suite de l'existence possible de charges occultes. Exemple : Je prête bien au véritable et actuel propriétaire de l'immeuble sur lequel on me consent hypothèque; mais il se trouve que le prix de cet immeuble est encore dû à un précédent vendeur, lequel va faire tomber mon hypothèque en exerçant son action résolutoire. Ou bien, pour citer le dernier exemple fourni par M. de Vatimesnil, dans son rapport si précis, si lumineux et si complet, mon emprunteur ou ses auteurs se trouvent être ou avoir été, à mon insu, maris ou tuteurs. Me voilà primé par une hypothèque légale qui va absorber peut-être la valeur et au délà.

Tels sont les obstacles fondamentaux qui entravent, à l'égard de l'agriculture, l'essor de ce moyen fécond de prospérité et même de vie, qu'on appelle le crédit ; puissance nouvelle, qui a relevé le commerce français et réparé les désordres apportés dans nos finances par la guerre étrangère ; élément fécond des transactions modernes qui facilite et active la circulation des valeurs ; qui, sans créer de capitaux, rend productifs ceux qui étaient oisifs et infructueux entre les mains de leurs possesseurs ; qui établit, dit M. Michel Chevalier, une association entre le riche et le pauvre, entre celui qui a reçu de ses pères ou tiré de son travail un beau patrimoine, et celui qui débute dans la vie, sans autre ressource que son intelligence, sa moralité, son application.

Ces obstacles doivent disparaître :

1º Devant une législation hypothécaire qui fera de l'immeuble un gage *solide, facilement réalisable*;

2º Devant une forme donnée au placement hypothécaire, plus simple, mieux appropriée aux nécessités du sol.

C'est ce double but, qu'on s'est proposé d'atteindre par les deux projets présentés sur la réforme hypothécaire et sur l'organisation d'une institution du crédit foncier.

Mais avant d'entrer résolument dans cette voie féconde et pleine d'avenir, bien des essais ont été tentés, des commissions nommées, des projets timides élaborés, jusqu'au moment où le gouvernement dut céder à l'évidence des faits, entraîné par l'exemple des pays étrangers, par l'imminence du danger, la facilité du remède, ses chances probables de succès et surtout l'élan imprimé à l'opinion publique par la raison, les efforts et les exemples privés.—C'est ainsi, par exemple, que depuis 1822, date de la création de Roville, nous avons vu bien des imitateurs de Mathieu de Dombasle ériger des établissements agricoles, dans le but d'agir, par une instruction spéciale, sur les fils des grands propriétaires ; que, pour les petits cultivateurs, on a créé, toujours en dehors du concours de l'Etat, des écoles d'exploitation, où l'on n'enseigne que la pratique ; que des fermes-écoles se sont produites pour appliquer surtout les cultures perfectionnées, afin de parler aux yeux et de servir de point de comparaison ; que se sont organisés d'eux-mêmes des comices

destinés à mettre en rapport les cultivateurs et à propager
ainsi les observations et les connaissances des propriétaires
les plus éclairés ; qu'enfin, dans un intérêt tout à la fois
social, agricole et individuel , se sont élevées ces sublimes
créations de la charité privée, dignes des plus beaux monuments de l'esprit chrétien,où,comme à St Firmin,Montbellet,
St-Antoine, et à côté de nous , aux Trouillères (canton de
St-Germain-Laval (Loire) , nouvelle création de l'abbé Dela-
joux , les enfants trouvés, abandonnés, orphelins , pauvres,
sont arrachés à la misère et préservés de la corruption des
grandes villes, par l'application des travaux des champs,
qui les accoutument aux idées d'économie et de discipline,
et leur ménagent un avenir dans les campagnes où ils se sont
montrés bons cultivateurs,honnêtes citoyens; où encore,com-
me à Mettray, Quevilly, Ste-Foy ; Mettray surtout, où , dit
M. Corne, dans son rapport sur le projet de loi sur l'éducation et l'apprentissage des jeunes détenus , cinq cents enfants, tirés des maisons centrales, sont élevés sans force mi-
litaire, sans muraille pour les garder, sous la protection d'un
frère aîné qu'ils nomment eux-mêmes à l'élection, et appliqués aux travaux variés d'une ferme; soins aux bestiaux ,
jardinage, charrois, amélioration du sol, labourage, sarclage
et moissons, et soumis à une discipline paternelle qui tend
sans cesse , par la double action de la religion et du sentiment de l'honneur , à éveiller dans leurs âmes de bonnes
pensées et de généreux mouvements.

Voilà de quelle manière l'agriculture se révèle à nos
hommes d'état depuis quelques années. Et aujourd'hui ,
nous sommes heureux de le reconnaître, les besoins d'une
portion si notable des citoyens , paraissent enfin avoir été
compris. Si les souffrances ont été grandes , telles même
qu'elles aient fait dire à M. Thomine-Desmazure, maire de
Caen, s'adressant au président de la République, lors de son
passage dans cette ville : « Notre agriculture est en proie
« à des souffrances qu'elle n'avait jamais connues ; et le mal
« est devenu *si grand*, que s'il n'y est apporté de prompts
« et efficaces remèdes, la fortune publique n'en sera pas
« moins atteinte que les fortunes particulières; » Si donc ,
les souffrances ont été et sont encore grandes , si l'attente

de la propriété foncière a été longue et cruelle, l'attitude
du gouvernement est de nature à la rassurer. Ce qui a été
déjà fait, ce qui se prépare actuellement à l'Assemblée,
parait dans un avenir très prochain, lui ménager des
jours meilleurs.

Déjà le Message du 6 juin 1849 nous annonçait les
bonnes intentions du chef du pouvoir exécutif. Nous y
lisons en effet ces paroles significatives, et qui touchent le
vif de la situation : « Le désir du gouvernement est de
« trouver le moyen le plus efficace de venir au secours des
« classes laborieuses, en ramenant les ouvriers des villes
« aux travaux de la campagne, et, d'après l'exemple des
« autres pays, dont les documents ont été réunis, d'utiliser,
« au profit des pauvres, la mise en valeur des terres incul-
« tes., etc. »

Ces heureuses dispositions se manifestaient récemment
encore dans la loi du 5 juin 1850, sur le timbre des effets
de commerce; loi qui avait pour but, porte le rapport, non-
seulement : « par la nécessité de l'avance des frais de timbre
« des actions émises, d'empêcher la formation de certaines
« sociétés sans consistance réelle, si souvent imaginées par
« le charlatanisme au détriment des actionnaires ; but
« moral et utile qui contribuera au rétablissement de la
« confiance et à l'affermissement du crédit public ; mais
« encore de rétablir jusqu'à un certain degré, entre la
« propriété territoriale et la richesse mobilière, cette éga-
« lité de charges que l'extrême diversité de leur nature et
« de leurs conditions ne permet de réaliser que très impar-
« faitement. » — Constatons toutefois, en passant, que le
but du législateur du 5 juin ne paraît pas parfaitement atteint, l'impôt sur l'enregistrement des emprunts civils étant
de 1 fr. 10 cent., tandis que d'après la loi nouvelle le droit
de timbre sera : *sur les effets dé commerce*, de 5 centimes
pour les effets de 100 fr., de 10 centimes pour ceux de 100
à 200 fr., de 50 centimes pour ceux de 500 fr. à 1,000 fr.,
et, au delà, de 50 centimes par chaque mille francs.—Sur
*les actions dans les Sociétés de commerce* de 50 centimes
pour cent du capital nominal, pour les Sociétés dont la
durée n'excède pas 10 ans, et de un pour cent pour celles

dont la durée excède 10 années; enfin d'un timbre de dimension pour les *polices d'assurances*. Et remarquons encore en passant qu'au moins ce droit de 1 fr. 10 centimes , en matière d'emprunts civils , s'élève ou s'abaisse suivant l'importance de la somme empruntée , tandis que certains des frais de l'hypothèque qui n'entrent pas dans le trésor public, comme ceux de l'acte, du bordereau, demeurent les mêmes ou ne se proportionnent pas.Leur préjudice s'accroit pour les petits emprunts dont le nombre correspond à la division de la propriété en France, et s'élève à plus de la moitié pour ceux au-dessus de 400 francs.

Mais quel que soit le résultat réel de la loi du 5 juin, nous prenons acte de la pensé qui l'a inspirée. Quant à celle du 10 juillet dernier, elle fait droit à des réclamations adressées depuis longtemps par les cours de Rouen et de Caen dans le ressort desquelles le régime dotal est fort en usage, et consignées dans plusieurs écrits publiés sur le régime hypothécaire et sur le crédit foncier. Au moyen de ces dispositions additionnelles aux articles 75, 76, 1391 et 1394 du Code civil, elle fournira désormais (à partir du 1er janvier 1851) un moyen sûr de connaître l'*existence* et la *nature* de toute convention matrimoniale , avertira le public de l'incapacité qui résulte pour la femme, de l'adoption du régime dotal, et détruira ainsi les fraudes, les inquiétudes qui rendent plus difficiles, plus onéreuses les transactions relatives aux biens dont les femmes mariées sont propriétaires, et les engagements que celles-ci peuvent dès lors contracter.

Cette loi, dit M. le ministre de la justice, dans sa circulaire du 13 novembre dernier, sera donc à la fois une garantie d'ordre public, un motif de sécurité pour les engagements privés et par suite une nouvelle facilité donnée au développement du crédit.

La loi du 5 août dernier, qui est un pas de plus fait dans la voie que nous indiquons, était nécessaire pour donner sa sanction à l'œuvre des fondateurs des colonies pénitentiaires et pour en généraliser les bienfaits. Elle porte en substance, que les *jeunes détenus* condamnés à un emprisonnement de plus de 6 mois, et qui n'excédera pas 2 ans, les *jeunes acquittés* comme ayant agi sans discernement, seront conduits dans une colonie pénitentiaire, pour y être élevés en commun, sous une discipline particulière, et y être appliqués aux travaux agricoles et aux principales industries qui s'y rattachent.

Les colonies pénitentiaires seront des établissements publics ou privés, etc.

En outre, le gouvernement a voulu connaître le véritable état de la propriété foncière. Il a fait procéder à une enquête dont les éléments ont été recueillis à l'imprimerie nationale, en juin dernier, dans un énorme in-4°. Il veut, de plus, aujourd'hui, se tenir en rapport avec les agriculteurs, les propriétaires fonciers, les populations rurales, dont il tient à connaître la véritable pensée sur les créations législatives qui se préparent. Et voilà qu'une circulaire du ministre de l'agriculture, en date du 1er octobre dernier, enjoint à tous les préfets d'organiser immédiatement des commissions départementales d'agriculture, en attendant qu'une loi ait fait pour la métropole ce qui déjà a été réalisé pour l'Algérie : qu'elle ait définitivement constitué les chambres consultatives.

Je sais bien qu'on peut faire des objections, se demander, par exemple, si l'agriculture sera sérieusement représentée par des hommes du choix de l'autorité ; si, par suite, leur opinion n'aura pas une valeur plus individuelle que générale, etc. Mais ces objections ne détruisent pas ce qu'il y a de fécond dans l'initiative du pouvoir. Le temps réformera ce que les créations nouvelles pourraient avoir de défectueux. Ce qu'il fallait avant tout, c'était la volonté d'essayer, de faire quelque chose. Et sous ce rapport, nous applaudissons à la mesure prise par M. le ministre de l'agriculture. Déjà, dans notre département, la commission a été nommée ; elle a tenu sa première séance le 31 octobre dernier, sous la présidence du magistrat qui occupe, à la tête de l'administration, le poste élevé qui lui a été confié.

Enfin, deux projets ont été présentés, des plus importants dont se soit occupé le législateur depuis cinquante ans : sur la *réforme hypothécaire* et sur l'*organisation d'une institution de crédit foncier*. Tout a été dit sur la partie historique de notre législation hypothécaire actuelle. Qu'il me suffise de rappeler que le système de funeste transaction qui a prévalu dans le Code civil, a été, dès l'origine, une cause de complications de procédure, de difficulté de paiements et, par suite, de crainte pour les acquéreurs et prêteurs, de ruine pour la propriété foncière.

L'urgence d'une réforme a été plusieurs fois proclamée. Dès 1826, Casimir Périer, qui s'effrayait de voir les capitaux envahir la rente, les spéculations, et déserter l'agriculture, proposait un prix pour la solution des questions suivantes :

Quels sont, en France, les vices et les lacunes des dispositions législatives et administratives, concernant le prêt hypothécaire ?

Quels obstacles s'opposent à la direction des capitaux vers cette nature d'emploi ?

Quelles seraient les meilleures dispositions à établir pour former, sur cette partie, le projet le plus complet et le plus en harmonie avec les besoins du fisc, ceux des emprunteurs et les garanties qu'ont droit d'exiger les prêteurs.

La généreuse initiative de Casimir Périer resta cependant sans résultat, et le mal signalé continua à peser sur le pays d'une manière désastreuse. Le 7 mai 1841, M. Martin (du Nord) alors ministre de la justice invitait les cours et les Facultés de droit, à délibérer sur une réforme à introduire dans la législation hypothécaire, laissant pleine liberté pour toutes les observations et n'indiquant que certains points sur lesquels il désirait spécialement des avis.

Une commission de 36 membres fut nommée ; un rapport dressé par un jurisconsulte éminent; enfin un projet de loi rédigé. Mais, tout en apportant de graves améliorations, ce projet ne constituait pas la propriété foncière dans les conditions de crédit que réclament le progrès du temps et les nécessités du sol.

Après février, le comité d'agriculture, au rapport de M. Flandin, sur les propositions de MM. Turk, Prudhomme, Bouhier, de l'Ecluse et Galy Casolat, proposa la création de deux milliards de bons hypothécaires. L'Assemblée n'accueillit pas ces propositions. Nous croyons qu'elle fit bien et nous dirons pourquoi.

Plus tard, M. Pougeard fit une proposition qui devait remplacer le titre dix-huit du Code civil. Elle fut discutée avant la prorogation de 1849. Un rapporteur fut nommé, chargé de préparer un projet, qui à la rentrée fut imprimé, distribué et discuté par la Commission. Cette dernière était occupée à ce travail, lorsque M. Odilon Barrot, de son côté, fit nommer une Commission *extra* parlementaire pour préparer un projet. Ce projet et le rapport furent publiés. La Commission de l'Assemblée y prit ce qu'il renfermait de mieux. Puis le gouvernement déposa un projet qui n'était que la reproduction de celui de la Commission *extra* parlementaire. C'est alors que, sans attendre le travail du conseil d'Etat qui n'était pas prêt, M. de Vatimesnil déposa son rapport.

Les choses en étaient là, lorsque, dans la séance du 9 août dernier, M. le ministre de l'agriculture et du commerce déposa le projet de loi sur l'organisation d'une institution de crédit foncier.

Le premier de ces projets se présentait à l'ordre du jour de l'Assemblée le mercredi 13 novembre dernier ; mais, pendant la prorogation, le conseil d'Etat avait examiné et donné son avis. Aussi, sur la proposition de M. Labordère, appuyée par M. Vatimesnil, l'ajournement de la délibération a-t-il été prononcé jusqu'à ce que le travail du conseil d'Etat ait été communiqué à l'Assemblée. Aujourd'hui cette communication a eu lieu, et la seconde délibération est ouverte.

Ceci dit, voyons quelle part d'action a été faite à chacun de ces projets, quel but chacun d'eux s'est proposé d'atteindre.

L'Etat, par exemple, emprunte quelquefois à 2 et 3 p. %. Les rentes 3 p. % ne rapportent pas 3, 7. p %. — Les bons du trésor ne rendent que 2 p. %. — L'emprunt de la ville de Paris donne à peine 3 p. %. — Les bons banquiers ne fournissent, en compte courant, que le 3 et demi ou le 4 p. %. — L'agriculture seule qui retire moins, paie plus. — C'est 6, 7 p. %, 9 et 10 d'après l'exposé des motifs du projet de loi, et même, si l'on s'en rapporte à l'enquête faite en 1817 à l'occasion de la création de la caisse hypothécaire, elle a payé, taux moyen, 12 et demi p. % ; en outre, elle est obligée de rembourser, à courte échéance, un capital qui, au lieu de reparaître en peu de temps comme dans l'industrie ordinaire, par la réalisation des valeurs dont il a facilité la fabrication ou l'achat, ne se recompose, quand il a été confié à la terre sous la forme de travaux d'amélioration, que par un accroissement lent et graduel des produits, au bout d'un grand nombre d'années.

C'est cet état de choses auquel les deux projets ont pour but de remédier, en faisant disparaître les deux causes de ruine qui menacent aujourd'hui la propriété foncière :

*L'élévation du taux de l'intérêt.* — *La nécessité d'un remboursement à courte échéance.*

Cette dernière cause a sa raison d'être dans une fausse assimilation entre la nature des transactions commerciales et les nécessités du sol. — La cause immédiate de l'élévation du taux de l'intérêt, c'est l'absence ou l'insuffisance des capitaux, qui, au lieu de se porter sur les biens-fonds, préfèrent se placer dans l'industrie, le commerce et sur l'État. Or, qu'est-ce qui les sollicite d'un côté plutôt que de l'autre; qu'est-ce qui les attire, par exemple, vers les placements sur l'État ? C'est, disons le avec M. Troplong, la facilité du transport, la puissance de l'amortissement, les chances d'élévation du capital, la régularité du paiement des intérêts. Ajoutons avec M. Wolowski la facilité qu'on a de placer des sommes de toutes valeurs sans l'intermédiaire d'officiers ministériels ; de telle façon, que sans éparpiller son capital sur divers débiteurs ou sans en laisser dormir la partie excédante, le fractionnement arbitraire des obligations permet toujours de faire concorder la demande avec l'offre.

L'État, en outre, a des moyens sûrs de se faire payer. Ses titres présentent une valeur intrinsèque qui se révèle par elle-même et qui dispense de toute recherche en vérification.

Enfin, l'État ne paie pas de capital, il ne fournit qu'une rente.

Tous ces avantages, les deux projets de loi du gouvernement doivent les transporter dans les placements immobiliers. Il y a mieux, si les rentes sur l'État présentent la chance de l'élévation du capital, elles offrent également celle de sa diminution.

Les projets doivent consacrer la presque fixité des cours.

En un mot, d'une part, la réforme hypothécaire, en rendant les placements immobiliers solides, et leur remboursement prompt et facile, diminuera nécessairement le taux de l'intérêt.

D'autre part, les institutions de crédit fourniront au propriétaire un mode de libération approprié à la nature spéciale des opérations agricoles, laquelle doit différer de celle qui convient à l'industrie et au commerce.

Disons toutefois avant d'aborder l'examen de chacun de ces projets, que le conseil d'Etat, qui vient d'émettre son avis sur chacun d'eux, s'est prononcé, par l'organe de M. Bethmond, pour le système actuel du Code. Ce système mixte aurait au moins, suivant le rapporteur, le mérite de sauvegarder les intérêts des femmes et des mineurs, et cette considération le touche plus que celle tirée des besoins de la propriété foncière et de la nécessité d'organiser son crédit, conformément à sa nature. Toutefois, reconnaissant que le développement du commerce avait exercé sur les mœurs actuelles une grande influence; qu'il avait apporté, dans la vie ordinaire et civile, les habitudes de ponctualité qui le caractérise, M. Bethmond avoue qu'il y aurait quelque chose à faire : d'une part, pour mettre la législation civile en harmonie avec les besoins nouveaux d'exactitude et de régularité qu'ont fait naître les usages du commerce; d'autre part, pour organiser un état de choses qui, en se rapprochant des anciennes rentes foncières perpétuelles et du système actuel des rentes sur l'Etat, se concilierait avec la nature du sol, les difficultés et les lenteurs avec lesquelles il reproduit les capitaux qu'on lui a incorporés.

## Privilèges et hypothèques.

Pour atteindre son but, le premier projet devait, *avant tout*, et c'est ce qu'a très bien fait entendre M. de Vatimesnil dans son rapport, établir un système réel, sérieux et complet de *publicité* et de *spécialité*, en matière d'hypothèques. Puis, accessoirement, simplifier les formalités de toute nature, réduire les frais, diminuer les occasions de procès et les causes de déchéance des droits légitimement acquis faciliter, enfin, la transmission des titres hypothécaires.

*Publicité facile, sûre et peu coûteuse* : c'est là le principe, l'idée mère de la réforme. Cette publicité, elle est conforme aux précédents historiques de notre droit ; la loi de brumaire l'avait consacrée dans son article 26; elle est conforme aux vœux des cours et facultés de droit, à part les cours de Bordeaux, Toulouse et moitié des membres de la cour de Besançon ; enfin, elle est conforme à l'esprit d'ensemble du Code civil. Nous la retrouvons dans la nécessité de l'inscription pour vivifier l'hypothèque, dans celle de la transcription de tout acte de donation ou de substitution pour pouvoir les opposer aux tiers, dans la nécessité de l'enregistrement pour donner date certaine aux actes sous seing-privés et de la signification pour dessaisir, en matière de cession, le créancier, par rapport au débiteur; et cette publicité est devenue aujourd'hui un élément indispensable de notre législation hypothécaire. Constatons seulement, en passant, sans approbation ni critique, que la publicité que l'on veut consacrer ne s'appliquera qu'aux translations de la propriété les plus ordinaires. Ainsi, resteraient en dehors de son application les formations de sociétés avec apports d'immeubles, les jugements d'envoi en possession des biens d'un absent, tout comme les baux de longue durée, les actes de partage, etc.

Relativement *au mode de publicité*, on avait à opter entre les systèmes radicaux, au premier rang desquels se trouvait celui de M. Loreau, et le système de conservation hypothécaire, tel qu'il existe aujourd'hui. M. Loreau proposait de ramener sous une seule direction : le cadastre, l'administration des contributions directes et celle de l'enregistrement, afin de fournir au public les renseignements nécessaires sur l'état et les mutations de la propriété immobilière ; de supprimer les conservateurs d'arrondissement qui eussent été remplacés par des receveurs cantonnaux chargés de l'enregistrement des actes et des opérations relatives à la conservation hypothécaire. Mais ce système, reconnu faux en principe et impossible en pratique par l'administration de l'enregistrement et des domaines, a été définitivement rejeté.

Restait donc l'organisation actuelle, qui présente deux modes différents : *l'inscription* dont la destination est de rendre notoires les créances hypothécaires et la *transcrip-tion* employée tantôt à consolider la propriété, tantôt à ar-rêter le cours des inscriptions et à préparer la purge. Il fal-lait choisir entre ces deux partis, ou adopter le moyen mixte proposé par les cours d'appel de Nîmes, de Lyon et de Douai, par les facultés de droit de Dijon et de Grenoble : transcrip-tion conservée pour tous les actes translatifs de biens et de droits susceptibles d'hypothèque,et inscription, telle qu'elle se pratique, pour la publication des charges hypothécaires, s'appliquant aux autres démembrements de la propriété. La commission s'est prononcée pour la *transcription*, mode de publicité plus complet, plus sûr,plus avantageux : aux *tiers* auxquels il épargne des recherches ultérieures, *aux parties* qu'elle garantit des chances ruineuses que pourrait avoir pour elles, l'omission d'une formalité dans les bordereaux destinés à constater leurs droits. Seulement, quand il s'agira de droits non susceptibles d'hypothèques, la transcription pourra se faire par extrait, puisqu'il suffit, porte le rapport, que la charge dont la propriété se trouve grevée, soit indi-quée, et que ceux qui contracteront pourront toujours, s'ils ont besoin de plus amples détails, remonter à l'acte. Je ne veux pas ici examiner toutes les objections qui se pré-sentent, contre cette détermination de la commission ; elle se ramènent toutes à une question d'embarras pratiques et de frais, qui paraîtrait devoir rendre la mesure adoptée difficile et par suite peu fréquente.

On pourrait peut-être, avec avantage, emprunter à la loi belge son article 3,qui présente les avantages sans les incon-vénients de la transcription. D'après cet article, copie du titre doit être remise au conservateur des hypothèques, et rester déposée dans son bureau. Ce fonctionnaire indique sur ses registres :

1° La date du titre et, s'il est sous seing-privé, celle de l'acte authentique ou du jugement portant reconnaissance ;

2° Le nom et la résidence du notaire qui a instrumenté, ou, si c'est un jugement, le tribunal dont il émane.

Le conservateur y transcrit, en outre, littéralement, la désignation des parties et l'indication cadastrale des immeu-bles auxquels le titre se rapporte, et délivre au requérant un double de l'annotation contenant le numéro d'ordre du régistre sur lequel elle a été opérée.

En définitive, il y a *copie* du titre remise et déposée par les parties et *annotation* du conservateur renvoyant à cette copie.

Quoi qu'il en soit, rappelons-nous que le mode de publicité adopté par la commission est celui que conseillaient, en 1841, la cour de cassation, la majorité des cours et trois facultés de droit. Nous verrons si des modifications seront apportées par les discussions législatives ou par l'application postérieure de la loi votée.

Voilà pour la partie du projet relative à la *transmission de la propriété*. Voyons celle qui concerne les *priviléges* et les *hypothèques*.

Et d'abord, constatons qu'il eût été peut-être plus simple et plus logique de ne laisser subsister que l'hypothèque et son mode de publicité, l'inscription. Le vendeur, l'échangiste, le cohéritier fussent ainsi devenus des créanciers hypothécaires, et l'inscription eût été pour tous la condition indispensable et le point de départ qui seuls eussent déterminé le rang comme l'existence du droit entre tous les intéressés.

Aujourd'hui, le vendeur d'immeubles jouit d'un privilége indépendant de la date de son inscription. Pour quel motif? C'est pour éviter de voir son droit primé par l'hypothèque du pupille ou de la femme de l'acquéreur, laquelle eût frappé l'immeuble à son entrée dans le patrimoine de ce dernier. Mais ce motif n'existe plus dans le système du projet, puisque l'article 2143 dispose que l'hypothèque légale n'a de rang et ne produit d'effet qu'au moyen de l'inscription. Constatons, en outre, la suppression de cette faculté funeste pour le crédit foncier, dite action résolutoire du vendeur, « sujet d'effroi, dit M. de Vatimesnil, pour tous « ceux qui prêtent, qui achètent ou qui deviennent conces- « sionnaires de droits réels; obstacle des plus graves au dé- « veloppement du crédit foncier. » Le projet du gouvernement laissait au vendeur la faculté de l'exercer quand elle aurait été formellement stipulée par le contrat. Cette opinion est également celle du conseil d'état. Mais on a fait remarquer que cette réserve deviendrait de style dans les actes ; et le principe de la liberté des conventions, que le gouvernement avait voulu respecter d'une manière trop absolue, dut, comme le privilége des cohéritiers, se soumettre à une restriction, dans l'intérêt des tiers, qui viennent en aide au crédit, en achetant ou prêtant à la propriété foncière.

*Nota.* La discussion vient de s'engager sur ce point, à propos d'un amendement proposé par M. Rouher, non pas au nom du gouvernement, mais en sa qualité de représentant. L'honorable membre croit remédier aux inconvénients de notre Code, reconnus par tous, et conserver en même temps l'action résolutoire, en decidant que soit l'*action en résolution*, prévue par l'art. 1654, soit l'*action en reprise*, consacrée par l'art. 1705, soit l'*action en révocation* fondée sur l'inexécution des conditions, ne pourront être exercées à l'encontre des créanciers inscrits, des sous-acquéreurs, ou tiers-acquéreurs de droits réels, qu'autant que le vendeur n'aura pas laissé éteindre ou déchoir son privilége.

Tant qu'il n'y a pas eu paiement du prix, le vendeur peut opter entre l'exercice de son privilége ou celui de l'action résolutoire ; mais le prix de vente une fois payé, les acquéreurs n'auront plus à craindre d'être évincés.

De cette façon, l'on ne réduit pas le vendeur exclusivement à l'exercice de son privilége, ce qui aurait deux grands inconvénients : 1° de le mettre dans le cas de n'être pas indemnisé complètement sur le prix de la revente, par suite d'une dépréciation survenue dans la valeur de l'immeuble ; 2° de réduire à rien les résultats des poursuites, par suite des frais qu'entraînent toujours les formalités de *saisie,* d'adjudication et d'ordre, frais qui absorbent le prix et au-delà quand il s'agit d'immeubles de peu de valeur.

Ces considérations sont graves. Nous verrons quel sera leur résultat :

De tous les faits juridiques qui sont aujourd'hui les plus grands obstacles à la publicité hypothècaire , et qui écrasent ainsi l'essor du crédit foncier, les plus funestes sont, de l'avis de tous, les hypothèques *légales* et *judiciaires.*

Or, d'abord, en ce qui concerne les premières, sans avoir

besoin d'admettre, comme **M. Troplong**, l'existence de l'hypothèque légale de la femme mariée à l'étranger ou même étrangère, de celle du mineur, quand l'acte de tutelle a été passé à l'étranger et du mineur étranger, sur les biens que le mari ou le tuteur peut posséder en France; de celle de la femme française pour les créances paraphernales sur les conquêts de la communauté, même aliénés pendant le mariage et en matière d'échange par le mari ; sur l'immeuble échangé et sur celui reçu en contre-échange; sans avoir besoin d'admettre toutes ces solutions , *il est certain* que les hypothèques légales enlacent presque tous les immeubles et frappent d'interdiction la majeure partie du sol français ; car la moitié des immeubles sont bien possédés par des maris ou des tuteurs , et les soupçons peuvent planer sur le reste.

Cet état de choses est de nature à compromettre le crédit, et, bien plus, il n'a pas rempli le but que s'en promettait le législateur du Code civil. Car, *d'une part*, il n'a pas réalisé la *stabilité* de la propriété foncière, en ce sens que ce n'est pas le mouvement des ventes qui a été paralysé ; les acheteurs étant mis à même, au moyen de la purge , de connaître les véritables charges de la propriété. — *D'autre part*, il ne présente pas une sauvegarde suffisante des intérêts des incapables.

Ainsi, pas de garantie, quand le mari ou le tuteur ne possède pas d'immeubles. L'excès de rigueur envers les maris et les tuteurs est une cause de ruine pour les incapables. — Aucun moyen de se préserver d'une coupable gestion si le tuteur infidèle convertit en objets mobiliers les fruits de ses détournements. Pour la femme mariée spécialement, la législation actuelle est plus insuffisante et plus dangereuse encore. Ainsi, pour satisfaire les sollicitudes des tiers qui traiteraient avec son mari, elle est amenée à renoncer à son hypothèque légale ou plus fréquemment encore à en faire la cession et à s'obliger elle-même , de façon à perdre son recours contre son mari et à engager ses propres.

De plus, les cessions d'hypothèque légale étant dispensées d'inscription , la femme pourra toujours se créer un crédit trompeur, en offrant, à de nouveaux prêteurs, la participation à une hypothèque légale déjà absorbée.—Ainsi, *dangers pour les prêteurs.—Absence de garantie pour la femme mariée* : tel est le résultat auquel est arrivé le système actuel du Code.

Pour remédier à cet état de choses, deux partis principaux se présentaient. Suppression de l'hypothèque légale, ou, ce qui revenait au même, faculté laissée aux parties de convenir dans le contrat de mariage qu'aucune inscription ne serait prise, et maintien de cette hypothèque avec nécessité d'inscrire.

Le premier parti eût consacré la liberté des conventions. A l'égard de la *femme mariée*, on partait de ce principe : que le cas où elle veut faire inscrire une hypothèque est extrêmement rare. Dans la pratique, sur 500 purges, on voit à peine apparaître une inscription d'hypothèque de la femme, ce qui prouve qu'une telle méfiance n'existe pas dans les mœurs du peuple. D'ailleurs la femme sait bien elle-même que l'inscription ne lui sera pas d'un grand avantage , car ceux qui prêtent aux maris exigent toujours que la femme s'engage solidairement. Dès lors, la suppression produirait ce résultat : que l'absence d'inscription remplacerait le plus souvent les cessions qui l'auraient suivie si elle avait été faite ; et, par suite les immeubles seraient non seulement délivrés de l'hypothèque occulte, mais bien mieux, de toute hypothèque. En ce qui concerne l'hypothèque du mineur, on procéderait à l'égard du tuteur, propriétaire d'immeubles, comme avec celui qui n'en possède pas. Les capitaux devraient être versés, jusqu'à leur emploi , à la caisse des dépôts et consignations , avec défense au tuteur de retirer ces capitaux pour en faire un autre emploi que celui qui aurait été fixé par le conseil de famille. Ce système consacré par les législations de Hollande et des États allemands, qui assimile la femme aux tiers, et n'autorise la prise d'inscription de sa part qu'autant qu'il y a eu stipulation d'hypothèque, loin d'être adopté , n'a même pas été sérieusement examiné par la Commission. On l'a repoussé par ce motif qu'il serait de nature à heurter trop violemment les habitudes de notre pays.

L'adoption du second parti pouvait comporter les modalités suivantes :

Pour les *mineurs*, on pouvait changer, dans le sens indiqué par M. Odilon-Barrot, ou M. Wolowski, le mode actuel d'administration de leur fortune ; soumettre ainsi le tuteur à des règles d'action mieux définies et à un contrôle plus sérieux. On pense, dans ce système, que des règles plus sévères sur l'administration des biens pupillaires suffiraient pour rendre fort rare le recours à l'hypothèque sur les biens du tuteur, recours qui devrait se manifester par l'inscription, toutes les fois que les autorités chargées du contrôle le jugeraient nécessaire.

Pour la *femme mariée*, on part, dans tous les systèmes, de ce principe, que l'hypothèque légale de la femme a sa raison d'être, non pas dans l'incapacité de cette dernière ainsi qu'il arrive pour le mineur, mais dans la nécessité d'assurer la restitution de ses propres. La femme n'est plus, comme avant le christianisme, ce meuble de la maison dont parle Caton, que l'on prêtait à ses amis et que l'on pouvait perdre ou acquérir par une possession annale. C'est la compagne, l'associée du mari. Celui-ci a l'administration de la société, la signature ; en sa qualité de gérant, il peut seul agir, aliéner, acquérir, etc. Mais pas plus qu'un associé ordinaire, la femme ne se trouve frappée dans sa capacité personnelle. Partant de là, on pouvait conserver l'hypothèque légale, avec préférence sur les chirographaires, dans le cas où l'inscription n'aurait pas été prise (conformément aux anciennes lois romaines, la loi polonaise de 1818, la loi prussienne, code, partie II, titre 1er, paragraphes 243, 244, 254).—On pouvait, comme dans ce dernier code, partie II, titre 1er, paragraphes 343, 344, pour éviter les influences dangereuses, disposer que la femme ne peut s'obliger pour son mari, qu'avec l'assistance d'un jurisconsulte nommé *ad hoc ;* et que, relativement aux sommes perçues par le mari, celles qui tomberaient dans la communauté, n'engageraient pas la responsabilité de ce dernier, n'entraîneraient pas d'hypothèque pour la femme, et que les autres seraient versées à la caisse des dépôts et consignations.

On pouvait, ainsi que le proposent les notaires, revenir tout simplement à la loi de brumaire, en ce sens que l'hypothèque légale maintenue, l'inscription serait nécessaire pour mettre ce droit en mouvement; mais rien d'obligatoire, rien de forcé. On s'en rapporterait, sur ce point, à la vigilance des intérêts privés.

Ou encore, suivant l'avis récent du conseil d'Etat, maintenir le système actuel du Code, c'est-à-dire consacrer l'hypothèque tacite générale, éventuelle, indéterminée, avec cette seule différence, que le droit de l'hypothèque dispensée d'inscription sera limité à l'année du veuvage ou de la séparation de biens, et qu'il sera nécessaire d'inscrire les cessions et les subrogations.

Au lieu de cela, que porte le projet, amendé par la commission? A l'égard des femmes mariées, il faut distinguer entre les droits résultant du contrat de mariage, et ceux résultant des actes et faits postérieurs au mariage.

Pour les *premiers*, inscription obligatoire. Tout contrat de mariage, dit M. de Vatimesnil, doit déterminer la somme pour laquelle la femme aura hypothéqué et spécifier les immeubles sur lesquels frappera son inscription. Les notaires doivent veiller à la prise de l'inscription;

Pour les *seconds*, retour à la législation de brumaire, inscription facultative, car, porte le rapport, si chaque acte qui concerne les biens de la femme, devait nécessairement et, contre la volonté de celle-ci, amener une inscription sur les immeubles du mari, il en résulterait de graves embarras dans la fortune de ce dernier, et une altération profonde de son crédit.

le projet ne modifie rien à l'égard des femmes communes, lesquelles pourront, comme par le passé, s'obliger *solidairement* ou *comme caution* du mari, et par suite, renoncer à leur hypothèque légale; et dans la position de la femme dotale, qui ne peut renoncer à la sienne, il n'apporte que ce changement: qu'au lieu de jouir du rang hypothécaire que lui assigne l'article 2135, sans inscription, elle n'aura rang qu'autant qu'elle aura fait inscrire son hypothèque. En ce qui concerne les mineurs, les juges de paix et les greffiers sont créés les gardiens comptables devant la justice de leurs intérêts, innovation précieuse, qui peut être le germe d'une institution nouvelle, en harmonie avec l'importance des droits des incapables et l'insuffisance des garanties qui leur sont données. Ces magistrats doivent prendre inscription pour le mineur et en tenir état. Les immeubles à frapper, les sommes à garantir, doivent être déterminées spécialement et avec soin, par le conseil de famille.

Mais relativement à cette inscription forcée, M. Wolowski fait remarquer que son inévitable effet sera d'aggraver les nombreux inconvénients du régime dotal, et de frapper d'une sorte d'indisponibilité et de main-morte, une portion notable du territoire. Le remède de la purge légale disparaît. Aujourd'hui, en cas d'aliénation d'un immeuble du mari, les femmes dotales, pas plus que celles qui sont communes, n'inscrivent presque jamais leur hypothèque. Si l'hypothèque de la femme dotale est forcément inscrite, le vendeur ne pourra pas recevoir le prix; celui-ci devra être versé à la caisse des dépôts et consignations, car il n'y a pas moyen d'obtenir la main-levée de cette hypothèque. M. Wolowski conclut, que loin d'être une amélioration, ce système serait une aggravation de l'état de choses actuel.—Voilà pour les femmes mariées.

La suppression de l'hypothèque judiciaire constitue, dans le projet, l'une des innovations les plus importantes. Les raisons, sur ce point, abondent dans le rapport.—On avait à opter entre une suppression pure et simple, le maintien de l'état de choses, et un système (celui de M. Pougeard) qui eût empêché au débiteur de frustrer les créanciers des immeubles, sans donner toutefois un droit de préférence au porteur de jugement.

Les partisans du maintien croient cet état de choses nécessaire au développement du crédit personnel, qu'on ne saurait trop encourager, en matière civile comme en matière commerciale, parce qu'il a pour fondement la bonne foi et la loyauté. En outre, suivant eux, la suppression va contre le but qu'elle se propose, à savoir la simplification des formalités et des frais. De purs et simples qu'ils étaient, les contrats vont devenir hypothécaires, les hypothèques conventionnelles, et par suite, les actes authentiques et les frais qui en résultent, vont se multiplier. Mais dans le système de la suppression, le droit pur et la pratique ont fourni des

considérations plus puissantes et plus décisives. En droit
pur, on rappelle le principe que les jugements sont simplement déclaratifs de droit ; qu'ils ne peuvent attribuer à un
contractant des priviléges qu'il ne s'était pas réservés lui-
même ; que l'hypothèque judiciaire place le porteur d'un
acte sous seing-privé dans une position préférable à celle
du porteur d'un acte authentique , puisque la loi reconnaît
au premier la faculté de prendre jugement et inscription ,
et que cette faculté, chez le second, est sujette à controverse.
Que même, en se plaçant dans l'hypothèse la plus favorable,
le porteur de l'acte authentique ne peut assigner qu'à l'é-
chéance , tandis que l'autre peut actionner en reconnaissance d'écritures , prendre jugement et inscription hypothécaire ; que le droit de préférence devient alors le prix de la
ruse ou de la rigueur, prix immérité, puisqu'on l'obtient
sans l'avoir demandé, alors qu'il était facile de l'obtenir.
Qu'il n'en est plus aujourd'hui , comme autrefois dans l'ancien droit, où c'était la forme extérieure de l'acte qui constituait l'hypothèque ; et où l'acte authentique emportait ce
droit de préférence. On avait étendu par analogie, le même
privilége aux jugements ; aujourd'hui le droit hypothécaire
ne résulte que de la convention.—A ces raisons théoriques,
se joignent des considérations pratiques tirées des complications qu'entraînent les hypothèques judiciaires dans les
liquidations immobilières.

Toutefois, pour être complet sur ce point, qui consacre
une innovation si importante , nous devons ajouter , que
malgré ces considérations , également présentées par M.
d'Haussy, ministre de la justice en Belgique, à l'appui de la
suppression de l'hypothèque judiciaire , la commission
Belge s'est prononcée pour son maintien , surtout par ce
motif : que le système contraire détruirait le crédit ordinaire qui repose sur la confiance ; et qu'il est facile de concilier cet intérêt , avec celui du crédit réel, en faisant en
sorte que l'hypothèque judiciaire, *générale* dans son point de
départ, *soit spécialisée par l'inscription* Dans ce but, le projet amendé par elle repousse toute inscription, frappant
d'une manière générale les biens présents et à venir. Les
immeubles sur lesquels , inscription sera prise seront dé-

ailiés et en cas d'excès de garantie, action en réduction est ouverte au débiteur. M. Wolowski ( Revue de législation, numéro de novembre 1850), approuve cette idée ; mais il va plus loin encore; et, pour éviter les formalités et les frais d'une procédure en réduction , il propose le moyen qu'il avait déjà présenté en 1846, à la sous-commission présidée par M. le premier président Portalis. Le créancier devrait : 1° indiquer les immeubles sur lesquels il entend asseoir sa garantie ; 2° spécifier les sommes pour lesquelles , chacun de ces immeubles se trouvera grevé. De cette façon, le titre judiciaire subsisterait et le système de spécialité serait complètement réalisé ; car les immeubles seraient désignés , non plus par arrondissement de conservation d'hypothè- ques, mais individuellement, et une fois que la somme des inscriptions égalerait le montant de la condamnation, ce droit se trouverait épuisé. Dans l'état des choses, ce système est peut-être celui qui paraîtrait préférable , en conciliant à la foi les intérêts du crédit foncier avec ceux du crédit personnel.

A côté des deux systèmes radicaux , de la suppression ou du maintien, se place le projet mixte de M. Poujeard. Le créancier aurait le droit de former une opposition qui sau- vegarderait, dans l'intérêt de tous , la fortune du debiteur.

Mais cette idée tombe devant ces considérations princi- pales : que la position du débiteur qui se verrait tout-à-coup paralysé dans toute sa fortune serait empirée ; que les mains- levées, cautions, consignations ou autres opérations qui de- viendraient nécessaires, seraient un embarras et des frais de plus ; qu'il serait singulier de voir tous les créanciers chi- rographaires à la merci d'un opposant, qui arriverait aussi facilement à obtenir d'une manière indirecte, du débiteur , la préférence et les avantages que lui procure aujourd'hui l'hypothèque judiciaire.

Cette dernière se trouve donc purement et simplement supprimée dans tous les projets : du gouvernement, de la commission et du conseil d'Etat.

Parmi les autres modifications qu'apporte le projet , la transmission de l'obligation hypothécaire, par voie d'endos- sement , n'est pas la moins importante ; elle donnera au porteur la possibilité de trouver, par la simple cession de son titre, de l'argent, *facilement, promptement*, sans avoir besoin de recourir à la signification au débiteur, ou son acceptation par acte authentique, enfin *sans frais*, évitant ainsi les honoraires du notaire et l'enregistrement de 1 p. 0/0 du transport.

Ces motifs, toutefois, n'ont pu prévaloir au sein du conseil d'état sur les considérations suivantes :

1° Il y aurait contradiction entre les articles 2131 et 2139, qui n'admettent pas d'autre hypothèque conventionnelle que celle créée par acte authentique, et la disposition qui, en autorisant l'endossement, autoriserait par là-même la cession de cette hypothèque par acte sous seing-privé ;

2° Les faux seraient plus faciles à commettre et plus difficiles à découvrir que dans les lettres de change ou les billets à ordre; ces derniers, en effet, passent généralement par des mains amies et connues de gens qui se voient ou s'écrivent fréquemment, et qui, en outre, à raison des échéances rapprochées de ces effets de commerce, s'apercevraient bien vite d'une altération et seraient facilement sur la trace de son auteur : ces avantages n'existent pas pour le contrat hypothécaire;

3° L'endossement transporté dans les contrats civils entraînerait la garantie solidaire que consacre l'article 140 du Code de commerce. Or, la solidarité se comprend à merveille avec la nature de l'obligation commerciale: sa courte durée, la rapidité des formes en matière de commerce, la sévérité dans la sanction des engagements, la déchéance brusque des droits, s'ils sont négligés, enfin les prescriptions hâtives ; mais comment se concilierait-elle avec les longues échéances du contrat hypothécaire, les fortes sommes qu'il comporte, la crainte des événements qui peuvent ébranler la solvabilité ou modifier les conditions de paiement ; par exemple, la mort de l'un des endosseurs, qui va donner naissance à une dette divisée de la part des héritiers ?

4° Si les intérêts ne sont pas payés, application de l'article 1088 du Code civil, déchéance du bénéfice du terme, et voilà tous les endosseurs poursuivis, sans s'y attendre, avant l'échéance;

5° En cas de fractionnement du contrat, ainsi que l'autorise le projet, difficultés pour suppléer à la grosse , indivisible et ayant seule force exécutoire.

Le conseil d'état s'est donc prononcé contre la transmission par voie d'endossement des contrats hypothécaires.

Le projet porte , en outre, que la forme de ces contrats sera la forme authentique. Là-dessus, plusieurs se sont récriés en protestant, au nom du droit commun, de la liberté des conventions et du grand principe qui paraît dominer la réforme: simplification de l'obligation hypothécaire, activité donnée à la circulation des biens. Mais ces protestations paraissent devoir tomber devant cette excellente raison, qu'avant d'activer la circulation, il faut au moins la rendre possible , et , pour cela, créer des garanties sérieuses aux contractants, en donnant aux actes une date invariable et des signatures sur lesquelles il n'y ait pas à contester.

Plus de priviléges généraux de l'article 2101, colloqués sur les immeubles , à moins qu'ils ne le soient après le désintéressement de tous les créanciers inscrits (intérêt de publicité);

Suppression de la faculté d'hypothéquer les biens à venir, en cas d'insuffisance des présents (dans le but d'empêcher *aux fils de famille riche*, d'escompter d'avance la succession de leurs parents, et aux *usuriers* de prendre un intérêt plus fort, en compensation de l'incertitude du paiement);

Suppression du privilége de l'architecte et du constructeur (les dispositions qui y sont relatives, ou ne s'exécutent pas, ou entraînent des difficultés, pour apprécier la plus-value existante, au moment de l'aliénation, et faire la ventilation du prix);

Attribution de droit aux créanciers privilégiés et hypothécaires de l'indemnité due par l'assureur de l'immeuble hypothéqué (condamnation d'une jurisprudence qui ne voit dans l'indemnité non la représentation du prix de l'immeuble, mais une somme acquise à l'assuré en vertu d'un contrat aléatoire, l'attribuant à tous les créanciers, pour être distribué par contribution);

Réduction à deux mois du délai de six mois, accordé par l'art. 2111, pour autoriser le droit de demander la séparation des patrimoines, (intérêt du crédit) et obligation de prendre inscription, même en cas d'acceptation bénéficiaire de la succession (condamnation d'une jurisprudence qui n'applique pas l'art. 2111 aux héritiers, d'abord bénéficiaires, et ensuite purs et simples, pour les droits d'hypothèques qu'ils ont concédés à des tiers) ;

Modifications dans la forme des inscriptions hypothécaires (formes qui doivent prévenir les erreurs ; prohibitions des nullités *absolues*) ;

Fixation d'un maximum égal au dixième du capital, pour les intérêts et les frais de chaque créance hypothécaire ou privilégiée (afin d'éviter toute incertitude dans le *quantum* total de la créance);

Prolongation à 30 ans de la durée des inscriptions hypothécaires (dans le but de sauver les péremptions fréquentes aujourd'hui, mais qui le seront moins, quand la nécessité de renouveler le titre fera penser à l'inscription);

Suppression de la prescription de l'hypothèque, indépendamment de la prescription de la créance à laquelle elle est attachée (chance de perte de moins pour le créancier);

Obligation *personnelle*, à l'égard des créanciers inscrits, de l'acquéreur qui n'aura pas notifié son contrat (pour obvier à l'abus si fréquent d'un acquéreur mécontent de son marché, délaissant ou se laissant exproprier);

Suppression de la faculté de délaisser (pour éviter les frais de la procédure de nomination du curateur et du bénéfice de discussion qui suppose des hypothèques générales, désormais supprimées);

Maintien des termes des créances, en cas de notification par l'acquéreur (par respect pour les conditions des contrats : l'acquéreur n'étant que l'ayant-cause du débiteur ne doit pas avoir plus de droit que lui);

Réduction au dixième du prix de la caution à fournir par le surenchérisseur (pour faciliter et multiplier les surenchères qui sont des garanties pour les prêts hypothécaires;

Enfin, extension aux gérants de la faculté de surenchérir (consécration du principe d'équité), voilà toute la réforme hypothécaire projetée.

# Institution de crédit.

Il est *certain* que l'intérêt servi par la terre est plus élevé que celui que fournit l'Etat, l'industrie, le commerce.

Il est non moins certain que le gage offert par le sol est plus réel, d'une valeur plus positive que :

1° Ces mille chances qu'offrent les opérations commerciales et industrielles ;

2° Cette garantie purement morale de l'Etat, qui ne repose que sur la ratification apportée par les citoyens aux emprunts contractés en leur nom , par tel ou tel ministre. L'histoire du tiers consolidé sera toujours un triste précédent.

Et cependant, pourquoi, depuis quelques années, les capitaux préfèrent-ils la rente et les actions industrielles? Pourquoi désertent-ils le placement sûr pour se porter vers l'incertain ?

De l'aveu général, et indépendamment de la part qui doit être faite , soit à l'esprit de spéculation , soit aux circonstances et à la politique; c'est aux *vices* et aux *lacunes* de la législation qu'il faut attribuer ce résultat, le discrédit dans lequel est tombé le placement sur immeubles , et ruraux surtout , la gêne des propriétaires fonciers.

1° *Vices* résultant de ce que la solidité du gage immobilier, bien qu'incontestable, paraît un fait moins réel, moins effectif que théorique, abstrait, par suite de la clandestinité des hypothèques légales , de la généralité de l'hypothèque judiciaire, de la faculté de résolution , etc. (C'est plus particulièrement l'objet de la réforme hypothécaire.) ;

2° *Lacunes* résultant de ce qu'il n'y pas , pour les propriétaires fonciers, une nature de prêt différente de celle du prêt commercial ; ce qui devrait être, puisque, d'une part , le commerce qui emprunte pour trois mois seulement à la Banque , se procure facilement , à raison de la rapidité des opérations auxquelles il se livre, le fonds de roulement qui lui est nécessaire ; tandis que, d'autre part, l'agriculteur n'a le moyen de rentrer dans ses avances qu'au bout de cinq, dix ans ou plus encore.

On a donc raison de dire que *la terre ne peut emprunter qu'à fonds perdu ou avec amortissement*, et qu'elle se ruine quand elle emprunte autrement.

Ce principe, aujourd'hui passé presque à l'état d'axiôme , est la base du second projet présenté dans l'intérêt de la propriété foncière.

Mais dès l'abord, qu'on se rassure, il ne s'agit point ici, de ces plans , renouvelés des plus mauvais temps de notre histoire contemporaine, où les mots d'organisation, de crédit, de banque, d'améliorations, étaient synonymes de désordre, de spoliation, de tyrannie, de déceptions de tout genre. Aucune assimilation à établir entre le nouveau projet et les vieux souvenirs d'assignats, de papier monnaie, de bons hypothécaires, de banque de circulation.

L'institution qu'il s'agit de fonder en France a pour elle l'avantage de l'expérience. Elle a déjà rendu d'éminents services à l'agriculture dans plusieurs États européens.

Née en Prusse, et, pour la première fois appliquée en Silésie , elle releva la propriété foncière de ce pays des désastres occasionnés par la guerre de sept ans. On sait, en effet, qu'après la paix de 1763, le roi Frédéric-le-Grand n'avait rien trouvé de mieux, pour soulager la situation des propriétaires silésiens , accablés de dettes énormes et menacés d'une expropriation prochaine , que de proroger de trois ans, sans respect pour l'intérêt des créanciers, les remboursements exigibles à cette époque. M. Royer nous apprend que cette mesure amena la ruine immédiate du crédit particulier de tous ceux qui en profitèrent. Plus de capitaux pour l'agriculture, tous s'en détournaient. Certains propriétaires empruntèrent, à raison de 10 p. 0|0 d'intérêts annuels, plus : de 2 ou 3 p. 0|0 de courtage. Or, ce fut dans ces circonstances, et, pour en réparer les désastres, dit M. Léon le Blanc, analysant le rapport de M. Royer, que l'idée du crédit collectif, au moyen d'une agence intermédiaire, fut adoptée par Frédéric II, sur la proposition d'un négociant de Berlin, nommé Kaufman Bürring.

Telle est l'origine des associations de crédit foncier. Depuis Bürring, de nombreuses institutions analogues s'établirent successivement dans le nord de l'Allemagne ; mais il serait difficile d'en donner une exposition d'ensemble un peu complète, par suite des modifications que chaque Etat apporta dans leur organisation. Disons seulement, qu'au point de vue de leur fondation, on peut les diviser en deux groupes généraux :

1° Les institutions créées par des propriétaires, c'est-à-dire en vue des emprunteurs exclusivement ;

2° Les institutions dues à l'initiative des capitalistes, c'est-à-dire créées dans l'intérêt des prêteurs, au moins autant que dans celui des emprunteurs.

Les *premières* constituent moins des banques que des agences de prêts et d'emprunts, ayant pour but d'abaisser le taux général du loyer de l'argent, de mettre des capitaux à la disposition de l'agriculture, à un taux toujours égal, souvent inférieur à celui que paie l'Etat, le commerce et l'industrie manufacturière ; d'encourager enfin et de faciliter les améliorations agricoles.

Les *secondes* sont, avant tout, de véritables banques, destinées à satisfaire bien plus l'esprit de spéculation des prêteurs, que les besoins des emprunteurs.

Au *premier* groupe, appartiennent les associations de crédit hypothécaire du Wurtemberg, des diverses provinces de la Prusse, les plus anciennes de toutes, de la Saxe, de la Pologne, de l'Autriche, du Hanôvre, qui remontent à 1790, du Holstein et Schleswig, du Mecklembourg, etc.

Au *deuxième* groupe, la banque hypothécaire de Munich, la caisse des propriétaires et la caisse hypothécaire de Bruxelles.

Et, puisque j'ai été amené à parler de la Belgique, je rappelle que, par une coïncidence qu'expliquent suffisamment son voisinage, et surtout sa grande ressemblance de mœurs et de nationalité avec la France, souvent les mêmes questions se discutent dans les deux pays, presque simultanément. Il en a été ainsi, notamment pour la loi sur les caisses de retraite. Et voilà, que sur les institutions de crédit foncier, deux projets ont été présentés, presque en même temps, par M. Dumas, à Paris, et à Bruxelles, par M. Frère Orban,

ministre des finances. L'exposé des motifs de ce dernier,
présente quatre parties bien distinctes, constituant un travail complet sur la matière. La *première*, se rapporte à l'état
de la propriété foncière en Belgique. C'est la partie la plus
neuve et la plus intéressante. La *deuxième*, aux vices des
institutions. La *troisième*, est la partie historique. La *qua-
trième*, est consacrée à l'explication des dispositions nouvelles.
C'est là un document précieux, auquel nos législateurs
pourraient avoir recours avec fruit, non pas que l'étude de la
législation comparée soit toujours féconde et sans danger,
car il est difficile de bien apprécier une loi étrangère, sans
la connaissance de toutes les institutions et des rapports
particuliers qu'elle peut avoir avec les autres dispositions
légales. Mais ici, ce danger se trouve écarté par la grande
similitude de lois économiques et civiles, que présentent la
la Belgique et la France. Je n'entre pas dans les détails;
je résume seulement les principaux faits qui ressortent de
la partie statistique, et qui répondent avec la précision du
chiffre à des objections et des critiques mal fondées contre
le projet qui va bientôt être soumis aux délibérations de
notre assemblée.

1er Fait. — La dette hypothécaire s'élève, en Belgique, à
298 millions, c'est-à-dire à la dixième ou à la onzième partie
de la propriété. Sur les propriétés bâties, dont la valeur est
de 1,659 millions, elle est de 358 millions, c'est-à-dire du
cinquième, et, sur les propriétés non bâties, valant 6 milliards 649 millions, elle est de 440 millions, c'est-à-dire du
quinzième seulement ; en telle façon qu'il n'y a guère que
le commerce et l'industrie qui, dans l'état actuel des choses,
usent largement du crédit foncier. Ces évaluations sont
exactes, car, au lieu de procéder, comme en France, par le
relevé des inscriptions hypothécaires, lesquelles pourraient subsister encore, même après l'acquittement de la
dette, l'intéressé, préférant attendre le moment de la pé-
remption plutôt que de faire des frais pour radier, le gouvernement belge, afin d'obtenir des notions plus certaines, a
combiné le nombre du droit d'inscription fixé par la loi de
1824, avec les résultats d'une loi de 1842, qui a exigé le
renouvellement des inscriptions. La dette hypothécaire s'est

trouvée ainsi se monter à 698 millions au 1<sup>er</sup> janvier 1848; et, de plus, il est arrivé que ce chiffre a parfaitement concordé avec les vérifications faites ensuite, pour constater les produits de l'impôt forcé sur les rentes et les capitaux prêtés avec garantie hypothécaire.

2<sup>e</sup> FAIT.—Cette dette, que, pour faire rejeter les institutions de crédit, quelques-uns veulent attribuer à l'imprévoyance du petit cultivateur, lequel, dans son amour excessif de la propriété, achèterait plus qu'il ne pourrait payer, ne provient probablement pas de cette source ; car, d'une part, il y a eu pour plus de 1,800 millions de transmissions à titre onéreux, depuis vingt ans, en Belgique, et que, d'autre part, les inscriptions pour prix de ventes ne s'élèveraient qu'à 316 millions, c'est-à-dire qu'en supposant que les acquéreurs n'ont pas emprunté, pour payer les prix d'achat, en tout ou partie, le montant des acquisitions se trouverait payé jusqu'à concurrence des cinq sixièmes.

3<sup>e</sup> FAIT.—Le taux de l'intérêt, qui est, en moyenne, de 4 1/2 p. 0/0, varie suivant les localités, est d'autant plus élevé que les capitaux sont plus rares, et cette rareté se manifeste surtout dans les districts purement agricoles.

4<sup>e</sup> FAIT. — Le loyer des petits capitaux est plus cher que celui des capitaux plus importants, ce qui, joint aux frais que les premiers ont à subir de plus que les autres, est une cause de ruine, surtout pour les petits propriétaires.

5<sup>o</sup> FAIT.— La durée des prêts est, en moyenne, de sept ans pour ceux de 1,000 fr. et au-dessus; de huit ans, pour ceux de 1,000 à 3,000 fr. ; et le gouvernement fait remarquer avec raison que ce temps ne suffit pas pour reformer les capitaux que la terre s'est assimilés ; car, dit M. Léon le Blanc, il est une observation fort importante, que déjà quelques économistes ont formulée, notamment Adam Smith et Sismondi, c'est que l'agriculture intelligente, bien entendue, celle qui répond aux vues de l'économie politique, et à laquelle il importe, dans l'intérêt public, d'avancer des capitaux, est, par sa nature même, dans l'impossibilité absolue de dégager *jamais* ces capitaux, dont elle peut seulement servir un intérêt au moins égal à celui que présente l'ensemble des autres industries du pays. Cette observation n'a pas été, jusqu'à ce jour, suffisamment méditée en France. Cependant, elle est aussi vraie qu'importante, et sur elle seule reposent presque tous les principes et le mécanisme de ce qui peut constituer utilement le crédit agricole d'un pays.

6ᵉ ET DERNIER FAIT.—La Belgique, comme la France, est un pays de petite propriété. Si donc les institutions de credit foncier peuvent être, pour la première, malgré cet état de choses, un grand moyen de régénération pour la propriété foncière, il en doit être de même pour la seconde. Les relevés de l'exposé des motifs attribuent près du tiers de la propriété foncière à 668,000 propriétaires, qui ne possèdent pas un revenu cadastral de plus de 400 fr., et un second tiers environ à 58,000 autres dont le revenu est limité à 2,000 fr. Il y a mieux : le chiffre total des 738,000 propriétaires belges, sur un territoire qui est à peu près le dix-huitième du territoire français, donne, moyennement, un propriétaire par quatre hectares de terrain ; tandis qu'en France, d'après M. Joseph Garnier, on trouve seulement un propriétaire par huit hectares. Or, bien qu'il faille tenir compte, chez nous, de la plus grande quantité de terres non cultivables, on peut dire qu'en Belgique le morcellement est encore plus grand qu'en France, et que, si la division du sol n'est par un obstacle à l'acclimatement des institutions de crédit foncier chez nos voisins, elle ne devra pas, *à fortiori*, être invoquée chez nous.

Mais en France, l'organisation de toute institution de cette nature devra être précédée d'une réforme hypothécaire absolue sur surtains points. « Ces associations, dit M. de Vatimesnil, ne peuvent ni se former d'une manière raisonnable, ni, en les supposant formées, atteindre leur but, qu'autant que les lois offrent au prêteur une sûreté complète et la perspective d'un prompt remboursement. »— Après cela, nous dirons, avec M. Dumas : « l'agriculture « ne jouit pas en France, d'un crédit proportionné à ses « besoins. La réforme hypothécaire elle-même, quelque « amélioration qu'elle puisse apporter à ce crédit, demeu « rera impuissante contre le mal signalé. Elle rendra plus

« faciles et moins onéreux , les emprunts sur la propriété ;
« mais elle ne fera pas cesser l'éloignement du capitaliste ,
« qui a besoin de compter sur un remboursement exact , à
« courte échéance , pour le propriétaire-cultivateur qui ne
« peut trouver, dans les fruits de son travail, le moyen de se
« libérer, si ce n'est au bout d'un grand nombre d'années. »

Favoriser la conciliation de ces deux intérêts opposés ,
dégrever la propriété des charges qui l'écrasent, par la
*conversion de la dette hypothécaire actuelle* , en une dette
plus appropriée tout à la fois aux besoins du sol et aux
exigences naturelles du capitaliste ; — diriger par suite les
capitaux vers les améliorations agricoles. — Tel est le but
du projet de loi, présenté dans la séance du 9 août dernier.

Pour arriver à ce résultat, deux ressorts principaux, bases
de l'institution , sont mis en œuvre : *l'association*, *l'amortissement*; j'ajoute accessoirement : l'intervention facultative
de l'Etat. Et quand je dis : *intervention* , ce n'est pas *direction*. Le pays, dit l'exposé des motifs, ne doit pas rester en
tutelle, et l'Etat être chargé de tout faire. Ce dernier doit
se tenir dans une sphère plus élevée. Son véritable rôle consiste, non pas à se faire industriel, banquier, ou commerçant , mais à demeurer le surveillant et le protecteur de
toutes les branches du travail et de la richesse publics. Pour
les institutions de crédit foncier , son contrôle est, à coup
sûr , indispensable. Mais lui en confier la direction , ce
serait lui imposer la responsabilité. Or, sa responsabilité,
sinon matérielle, au moins morale, l'amènerait , suivant M.
Garnier , à s'immiscer dans la gestion des intérêts de la
caisse et à diminuer sa liberté d'action. L'esprit d'association
se trouverait ramolli, et l'initiative individuelle paralysée.

Ces considérations, toutefois, n'ont pas arrêté le ministre
belge. Son projet, calqué sur l'institution créée en Gallicie,
en 1841, consacre l'application du système allemand, qui,
au lieu d'administrateurs particuliers, établit une collection
de personnes nommées par le gouvernement. Dans ce système, la caisse belge devient un établissement d'Etat, qui
aura à sa tête un *conseil d'administration* choisi par le gouvernement, et un *conseil de surveillance* à la nomination

duquel concourront les trois pouvoirs. Les employés du trésor et les conservateurs des hypothèques en seront les agents ; et la Cour des comptes vérifiera ses opérations. Mais la caisse ne doit avoir aucun maniement de fonds. Elle doit se borner à servir d'intermédiaire entre le propriétaire et le capitaliste.

Elle *prête*, c'est-à-dire, remet des lettres de gage à l'emprunteur, qui pourra les négocier et les mettre en circulation, mais seulement sur les propriétés de 1,000 fr. et au dessus, et jusqu'à concurrence du quart de la valeur des bois, forêts et propriétés bâties, assurées contre l'incendie, et sur la première moitié de la valeur de tous autres immeubles. Des experts estimeront les bois, les forêts et les propriétés bâties ; la valeur des autres immeubles sera évaluée à 40 fois le revenu, 2 1/2 p. 0/0. La caisse est armée de formalités spéciales d'expropriation. Faculté pour l'emprunteur de se libérer par la remise des lettres de gage qui lui seront délivrées par les conservateurs d'hypothèque. Intérêt et remboursement des obligations, par voie d'amortissement, au bout de 41 ans, grâce à l'action de l'intérêt composé. L'intérêt est fixé à 4 p. 0/0, l'amortissement à 1 p. 0/0, et les frais d'administration à 1/8 p. 0/0. La banque nationale paiera, soit à Bruxelles, soit dans ses succursales, les coupons d'intérêt et les lettres de gage désignés par le sort.

Voilà toute l'économie du projet belge.

Dans le projet français, l'Etat ne *dirige* pas.

Le point de départ des institutions de crédit, c'est une liberté entière ; par conséquent, faculté pour elles de se créer en dehors de tout concours officiel, suivant tel mode et telles conditions déterminés, pourvu qu'ils ne sortent pas du droit commun ; ou au contraire de solliciter l'autorisation du gouvernement et d'accepter, ainsi, volontairement en échange des avantages concédés par la loi, certaines obligations dont les sociétés libres se seront affranchies.

Dans le *premier* cas, l'Etat n'interviendra qu'en sa qualité ordinaire de protecteur et de surveillant, laissant à l'intelligence et à la flexibilité de l'intérêt privé le soin de se mettre en harmonie avec les besoins et les mœurs des diverses localités, et de résoudre, en conséquence, comme il l'entendra , les questions de responsablilité mutuelle entre associés , de formes de l'estimation , de redevance à payer par les emprunteurs, de composition du fonds de garantie, du mode d'émission, de rachat, de remboursement ou d'annullation des obligations.

Dans le *second* cas, l'intervention de l'Etat se traduira par une protection plus particulière, par la possibilité d'entrer, comme garant, pour un tiers du capital et des intérêts des obligations émises, par la prescription de certaines règles et la concession de certains droits spéciaux. C'est ainsi qu'en Hanôvre, le gouvernement garantit, jusqu'à concurrence d'un maximum , l'ensemble des opérations du système. Il en est de même en Gallicie, où la Belgique à pris son type. La Hesse électorale va beaucoup plus loin , et l'Etat lui-même dirige, pour son propre compte, l'association de crédit hypothécaire , mais dans presque tous les autres Etats, le gouvernement se contente de faire surveiller l'association par un commissaire royal.

Voilà pour le *rôle de l'Etat*, dans ces associations, dont les bases seront, comme nous l'avons dit : *l'association* et *l'amortissement*.

*L'association*, nous en connaissons l'origine historique. Son objet est de substituer, à la garantie individuelle, la garantie collective des propriétaires d'un état, d'une région, d'un département, afin d'assurer aux capitalistes l'exactitude de l'évaluation des biens hypothéqués, le service des intérêts et le remboursement périodique du capital prêté; tout cela, dans le but de mettre à la disposition des propriétaires des capitaux à des conditions favorables, et de les libérer entièrement des charges onéreuses qui les grevaient précédemment.

*L'amortissement* fut établi, pour la première fois, en 1790, par Georges III, pour une association de crédit foncier, à Zelle en Hanôvre. Mais il ne s'étendit pas aux autres institutions de l'Allemagne, jusqu'en 1822, où la Prusse en fit l'essai dans le duché de Posen. La supériorité de ce mode de remboursement décida le gouvernement à publier, le 27 mars 1830, un ordre de cabinet qui le généralise, réduit l'intérêt des obligations foncières, à 3 1/2 p. %, et enlève aux porteurs d'obligations, le droit de se faire rembourser la valeur de leurs titres. De quoi pouvait-on se plaindre? Le placement était garanti, les intérêts servis régulièrement. La faculté de négocier les obligations à la Bourse ne suffisait-elle pas aux capitalistes détenteurs? Et, dans l'ancien système, que de dangers attachés à la faculté d'exiger le remboursement! Cependant, et malgré l'importance de la prime attachée à ces obligations, l'ordre de cabinet du 7 septembre 1830, amena de l'agitation, du mécontentement, des plaintes et jusqu'à des accusations. Mais en définitive, qu'est-il arrivé? Le résultat suivant, que j'emprunte à M. Léon le Blanc, va vous faire juger de la valeur de ces plaintes et de ces accusations:

1° Le cours des obligations converties à la bourse de Berlin, et à celle de Breslau, se maintint constamment au-dessus du pair, nonobstant la faculté accordée aux porteurs d'obligation d'exiger le remboursement, s'ils ne voulaient pas subir la conversion;

2° Les demandes de remboursement ne s'élevèrent qu'à la somme de 26,000 écus de Prusse, sur toute l'émission de Breslau montant à 40 millions d'écus de Prusse;

5° Un nombre considérable d'associations analogues se succédèrent dans les divers états d'Allemagne;

4° Enfin les obligations en circulation s'élevaient, pour six provinces de la monarchie Prusienne, d'après des documents officiels, à près de 400 millions de francs.

C'est ainsi que l'amortissement doit permettre d'éteindre et de renouveler trois fois dans un siècle, moyennant 4 ou 4 1/4 p. 0/0, un capital de 150 millions de francs, sur une surface égale à la Silésie; et de consacrer, chaque siècle, près d'un demi-milliard en améliorations agricoles sur cette étendue de terrain.

On comprend que la France ne pouvait pas rester plus longtemps en arrière, dans une voie qui est la sienne, avant toutes, et dans laquelle, elle aurait dû, fidèle à son rôle ordinaire, prendre l'initiative des réformes et du progrès.

Analysons enfin le projet de M. Dumas.

Les associations prêtent sur hypothèque, après avoir vérifié la valeur du gage et le montant du crédit qui peut lui être ouvert. Mais, comme l'Etat, comme le commerce , au lieu de fournir de l'argent comptant , elle délivre un titre qui en est la représentation : une obligation négociable , semblable à une inscription de rente ou à un billet à ordre. Le propriétaire doit payer à la société un intérêt annuel , représentant l'intérêt réel, stipulé avec le prêteur et un supplément destiné à amortir le capital. Le porteur du titre a le droit de toucher l'intérêt et le capital , au moment du remboursement.

Jusqu'à présent, la mission du législateur est facile; mais, où la difficulté commence , c'est quand il faut entourer ce titre obligatoire d'une *confiance* qui rende sa *réalisation*, et par suite sa *circulation* faciles , comme celles de l'inscription de rente, du titre d'obligation départementale ou de l'effet de commerce revêtu des signatures suffisantes pour garantir sa valeur.

Pour cela, trois choses sont nécessaires :

1° La *solidité* incontestable du gage qui assure le remboursement du *capital* ;

2° La *certitude* du service exact des intérêts à chaque échéance ;

3° Un *mode de transfert*, aisé et exempt de frais.

1° Le *remboursement du capital* sera assuré par :

*L'interdiction* de prêter autrement que sur première hypothèque; il arrivera alors, que si les biens sont déjà grevés par une valeur considérable, l'association de crédit ne se compromettra pas en prêtant. Et si les charges ne sont pas trop fortes, le premier créancier consentira volontiers à la subroger dans ses droits.

La *nécessité* de la double appréciation de la *valeur* de l'immeuble et de son *revenu net*, pour servir de base à l'ouverture du crédit. — Sans cela, et si, pour prêter jusqu'à concurrence de moitié de la valeur , on se contentait de *l'estimation vénale* de l'immeuble , sans s'inquiéter du *revenu* ; il pourrait se présenter, par exemple, à propos d'un emprunt de 50,000 fr. sur un immeuble estimé 100,000 fr., que l'estimation eût été exagérée; — qu'après la réalisation du prêt, la valeur subit une dépréciation ; — que l'annuité à payer, absorbât tout le revenu , et jetât dans le besoin le propriétaire et sa famille ; — qu'enfin , l'association elle-même ne trouvât pas dans le revenu d'une mauvaise année, dequoi désintéresser le capitaliste , et qu'alors elle n'en vînt à l'expropriation. — Pour parer à ces inconvénients, l'art. 8 dispose que le prêt ne devra pas dépasser la moitié de la valeur de la propriété, et l'annuité excéder les 2/3 du revenu net ; en telle sorte que , sur un immeuble qui vaudrait 45,000 fr. , mais qui ne rendrait que 1,200 fr. nets , la société ne pourrait prêter que 13,333 fr. correspondant à une annuité de 800 fr., due par l'emprunteur.

*L'obligation* pour les sociétés de crédit , de purger les hypothèques légales et les actions résolutoires, avant d'émettre des obligations ; car s'il est vrai que la nouvelle loi hypothécaire doive rendre publics tous les droits réels, cette loi n'est pas encore passée , et, le fût elle , ces dispositions ne s'appliqueront peut-être , par un respect exagéré du principe de non-rétroactivité, qu'aux droits non encore ouverts, et par suite, ajourneront leurs effets, à 40 ou 50 ans, pour beaucoup de cas.

La *fixation* à 500 francs , du minimum des prêts, afin d'assurer en cas d'expropriation, le paiement des frais et le remboursement du capital , qui , dans le cas de prêts inférieurs, n'auraient pas trouvé à se couvrir sur la valeur de l'immeuble.

La *certitude* qu'on n'a pu donner à l'obligation une valeur qui puisse excéder le prêt effectif et manquer ainsi, pour cet excédant, de la garantie hypothécaire. L'art. 21 donnera cette certitude, en obligeant le notaire , dépositaire de la minute de l'acte d'emprunt, de viser les obligations émises et de faire mention sur la minute du nombre et du montant des obligations par lui visées, et en interdisant au receveur de l'enregistrement d'enregistrer des obligations qui ne lui seraient pas présentées en même temps que l'acte d'emprunt.

Enfin les articles 3 et 4 donnent à l'Etat et au département la faculté de garantir, jusqu'à concurrence du tiers, le capital et les intérêts des obligations émises. Cette disposition est empruntée à l'art. 3 du décret des 7-8 mars 1848, qui a cré les comptoirs d'escompte ; et elle a été, en ce qui concerne ces derniers, si peu dangereuse pour l'Etat, qu'un arrêté du ministre des finances, du 5 avril dernier, a approuvé la décision de la commission municipale de la ville de Paris, en date du 22 mars précédent, portant, sur l'avis conforme de la chambre de commerce, prorogation pour six ans, à partir du 18 mai, lors prochain, de l'existence de ces comptoirs, qui ont rendu tant de services, surtout au petit commerce. Appliquée aux sociétés de crédit foncier, cette disposition serait-elle plus compromettante pour l'Etat, alors qu'avant de recourir à ce dernier, pour un tiers seulement, le prêteur devra avoir épuré le fonds de réserve, la valeur de l'immeuble exproprié et celle des autres biens du débiteur, obligé *personnellement*?

2° *La deuxième condition* essentielle au bon accueil par le public des obligations du crédit foncier, c'est l'exactitude dans le paiement des intérêts. Les mesures destinées à l'assurer sont, *d'une part*, la constitution d'un fonds de garantie et de réserve, qui, soit qu'il soit fourni par des actionnaires, ou qu'il soit, comme en Allemagne, composé par les propriétaires emprunteurs, sous forme d'avance ou de retenue, devra s'élever, au minimum, au montant d'une année d'intérêts des obligations émises. Ce sont, *d'autre part*, des prérogatives spéciales qui font à la société une position en dehors du droit commun. Ainsi : dérogation à l'art. 1153, en ce que les intérêts courront de plein droit, en cas de retard; autre dérogation à l'art. 1244, en ce que le juge est dépouillé du pouvoir d'accorder des délais; faculté pour la société de se mettre en possession de l'immeuble, en vertu d'une simple ordonnance du président du tribunal, rendue sur requête, huit jours après une mise en demeure; faculté de toucher les revenus ou récoltes, par privilége, nonobstant toute opposition ou saisie; faculté de stipuler, dans le contrat de prêt, des conditions particulières pour la vente de l'immeuble par expropriation, dans le cas où, suivant les statuts, le capital serait devenu exigible, pourvu que ces conditions aient été transcrites dans les contrats de prêt et que la vente se fasse avec publicité, concurrence et en la présence du débiteur. En cas d'une saisie immobilière, antérieure aux poursuites de la société, faculté pour celle-ci d'user de la clause de *voie parée*, si la saisie est simplement commencée ; et si le cahier d'enchères a été déposé , de surveiller et d'intervenir, ou de se faire subroger, soit pour modifier le cahier des charges, soit pour s'opposer à toute remise d'adjudication. Enfin, dans la huitaine de cette dernière, obligation pour l'acquéreur, de remettre, avant toute procédure d'ordre, le montant des annuités échues, à la société qui serait la première inscrite et qui, d'ailleurs, présente toute garantie pour restituer, en cas de contestation ;

3° Enfin, pour faciliter le transfert des obligations de crédit foncier et réaliser ainsi la *troisième* et dernière condition de leur succès, le projet dispose que, des deux modes de transmission qu'elles peuvent revêtir : au *porteur*, ou *nominatives*, celles-ci seront transmissibles par voie d'endossement ; les autres sont d'une négociation plus facile encore. Les unes et les autres circulant, nonobstant toute opposition, peuvent se diviser en coupons de 100 fr., et se remboursent, par voie d'amortissement et de tirage au sort, avec primes, comme pour le remboursement des obligations départementales ou municipales, dans le but d'éviter la trop grande fluctuation des cours.

Tel est l'ensemble du projet de **M.** Dumas fondé sur ce principe que nous indiquions en commençant, à savoir que le propriétaire, à la différence du commerçant, ne doit pas se préoccuper du remboursement qu'il effectuera par voie d'amortissement ; c'est ce qu'on a compris depuis longtemps en Suisse, où il n'y a, il est vrai, dit **M.** Cherbuliez, qu'un seul exemple d'une banque hypothécaire créée récemment, mais où l'on a pratiqué depuis longtemps divers contrats très favorables à l'agriculture et parfaitement appropriés à la nature et aux ressources de cette branche de production. Par exemple, la *lettre de rente*, usitée dans le canton de Berne, surtout dans le canton de Vaud, et qui consiste dans l'obligation que souscrit l'emprunteur de payer des arrérages, mais sans que le capital soit exigible. Cette institution est si bien entrée dans les idées et les usages, que les cultivateurs n'imaginent pas qu'on puisse emprunter des sommes un peu considérables sans rester libre de ne pas rembourser le capital ; elle jouit d'une faveur telle que, d'une part, lorsqu'on a voulu toucher au système hypothécaire pour y introduire certains perfectionnements, on a dû reculer devant la protection inquiète et jalouse dont sont entourées ces lettres de rente auxquelles il eût fallu apporter quelques modifications, et que, d'autre part, les paysans de ce canton, qui se sentent heureux et trouvent facilement du crédit, sans s'occuper du remboursement, sont restés inaccessibles aux idées de bouleversement qui gagnaient d'autres localités ; et cependant, **M.** Cherbuliez reconnaît qu'il n'y a rien, dans ce canton, qui puisse empêcher les attaques à la propriété, si elles étaient dans l'intérêt du plus grand nombre, car on y a détruit, chez la masse toutes les barrières morales auxquelles l'ordre social doit sa conservation.

Le projet de **M.** Dumas est un heureux emprunt fait à ces législations étrangères, dans ce qu'elles offrent de conforme à nos idées, à nos mœurs, aux besoins de notre propriété française qui se divise et se morcelle de plus en plus. Quelles que soient les modifications que doive lui faire subir la discussion, notamment sur la question de l'intervention directe ou indirecte, complète ou partielle de l'Etat, disons que la création qu'il consacre est un grand pas fait dans les réformes, telles que les comprend le socialisme, sans fiel et sans égoïsme, de ceux qui n'aiment les révolutions que lorsqu'elles se concentrent dans la sphère législative, sans descendre dans la rue, et qu'elles sont réfléchies, calmes et réellement progressives.

La discussion vient de s'ouvrir sur la partie hypothécaire des dispositions qui doivent rendre à la propriété foncière ses conditions d'existence et de prospérité. Nul ne peut prévoir l'issue de ces débats importants, qui devront encore subir l'épreuve d'une troisième délibération.

Quant à présent, j'aurai atteint mon but, si j'ai pu attirer votre attention et, par suite, nos études à tous sur une branche de la science juridique et économique, la plus importante peut-être, et, de l'aveu de tous aujourd'hui, de l'application le plus immédiatement nécessaire.